Peter Oldale
Gartenpflanzen richtig vermehren

Peter Oldale

Gartenpflanzen richtig vermehren

Zweite Auflage

Mit 192 Fotos

BLV Verlagsgesellschaft
München Bern Wien

CIP-Kurztitelaufnahme der Deutschen Bibliothek

Oldale, Peter
Gartenpflanzen richtig vermehren. – 2. Aufl. –
München, Bern, Wien: BLV Verlagsgesellschaft, 1977.
ISBN 3-405-11359-8

Aus dem Englischen übersetzt von Wulf Meyer-Wildhagen

Satz und Druck: Georgi-Druck, Königsbrunn
Buchbinder: Hans Klotz, Augsburg

Printed in Germany · 1. Auflage 1975 · ISBN 3-405-11359-8

Inhaltsverzeichnis

Vorwort

Die Vermehrung der meisten Gartenpflanzen ist nicht schwierig. Man benötigt keinen großen Erfahrungsschatz und keine besondere Ausrüstung, um Erfolge zu erzielen. Das gilt für Aussaaten, Stecklinge, Absenker und auch für kompliziertere Vermehrungsmethoden.
Obgleich ein Gewächshaus oder ein Frühbeetkasten bei der Pflanzenanzucht hilfreich sein können, gibt es viele Pflanzenarten, die man auch ohne solche Hilfsmittel erfolgreich vermehren kann.
Das Sortiment läßt sich jedoch erweitern, indem man einen einfachen, ungeheizten Frühbeetkasten improvisiert.
Zwiebelgewächse, Gehölze und andere mehrjährige Pflanzen sind ohne Schwierigkeiten zu vermehren. Die eigene Clematis oder Rose kann man veredeln und auch Samen selbst sammeln und aussäen. Dabei meinen viele Gärtner, ihr Hauptproblem bestünde darin, für die großen Mengen zuviel aufgezogener Jungpflanzen keine Verwendung zu finden.
Auf den folgenden Seiten behandeln wir in Bildserien die wichtigsten Vermehrungsarten, die der Hobbygärtner anwenden kann. Zunächst denken die meisten wahrscheinlich ans Aussäen. Das ist jedoch nicht die leichteste oder erfolgreichste aller Methoden. Denn in der Zeit zwischen der Aussaat des winzigen Saatkorns und der Entwicklung zur fertigen Pflanze kann viel »schief gehen«. Es ist bedeutend einfacher, mit einer gänzlich anderen Vermehrungsmethode zu beginnen, nämlich mit der Teilung: Man »zerteilt« einfach die Mutterpflanzen in eine Anzahl kleinerer Stücke. Diese werden schnell weiterwachsen und sich zu fertigen Pflanzen entwickeln, welche die gleiche Qualität und Größe wie die Mutterpflanze besitzen. Die Qualität verbessert sich oft sogar, weil alte Pflanzen nicht mehr viel hergeben. Hingegen entwickeln sich junge Teilstücke, die man in frische Erde verpflanzt, oft zu kräftigeren Pflanzen mit schöneren Blüten.
Von dieser Methode gehen wir zu einer nicht weniger einfachen Vermehrungsart über: zu den sogenannten Absenkern.
Dazu biegt man einen Zweig eines lebenden Baumes oder Strauches herab und verankert ihn fest im Erdreich. Dort, wo der Seitentrieb mit Erde bedeckt wird, bilden sich dann Wurzeln. Hierzu bedarf es keiner besonderen Geschicklichkeit. Eine ziemlich große Anzahl unserer Stauden, Gehölze und Kletterpflanzen läßt sich so vermehren.
Der nächste Schritt führt uns zum Schneiden von Stecklingen. Hier wird ein Trieb von einer Mutterpflanze abgeschnitten und in Töpfen oder im Freiland in gute Erde gepflanzt. Bald bildet der Trieb eigene Wurzeln. Es gibt viele Möglichkeiten, Stecklinge zu schneiden, das Prinzip ist aber bei allen das gleiche.
Wieder einen Schritt weiter gelangen wir zur Aussaat der mehrjährigen und der empfindlicheren Pflanzen. Man streut die Samen in Kistchen und stellt diese an ein helles, aber nicht sonniges Fenter oder senkt sie in einem behelfsmäßigen Frühbeetkasten in die Erde.
Im letzten Teil des Buches behandeln wir schließlich die einfacheren Veredelungsmethoden. Das Veredeln besteht darin, daß man einen Teil von einer Pflanze abschneidet, und diesen mit einer anderen Pflanze derselben Art, aber meist anderen Ursprungs, fest verbindet. Die beiden Teile wachsen dann zusammen, so daß sie eine ständige Einheit bilden. Das Ergebnis ist oft eine Pflanze, die entschieden besser ist als ein Elternteil, der für sich gezogen wird. Bei Rosen wird am häufigsten das Okulieren praktiziert. Hierbei kann man mit Hilfe eines Rosenstockes innerhalb von achtzehn Monaten 20–30 neue Jungpflanzen erzeugen. Das geschieht, ohne

die ursprüngliche Rose ernsthaft zu verletzen. Man braucht nur einfache Blattknospen auf wilde Rosen zu überpflanzen. Jede Knospe entwickelt sich zu einem normalen Sproß.

Fast alle Pflanzen lassen sich mit einer dieser Methoden vermehren, jahrhundertelange Erfahrung im Gartenbau hat uns jedoch gezeigt, daß gewisse Pflanzen eine Methode der anderen vorziehen. Für die unterschiedlichen Erfolge kann die jeweilige Jahreszeit oder das Klima bestimmter Gegenden maßgeblich sein. Die Bodenart, seine Temperatur und sein Wassergehalt haben gleichfalls einen starken Einfluß darauf. Daher kann nicht behauptet werden, eine Methode sei der anderen unter allen Umständen vorzuziehen.

Hat man z.B. mit Stecklingen keinen Erfolg, so kann man es immer noch mit Absenkern, Teilung des Wurzelstockes, Veredelung oder Aussaat versuchen. Bei der Pflanzenanzucht steht als einzig sichere Regel fest, daß es keine unumstößlichen Regeln gibt. Manche Gärtner haben mit Methoden Erfolg, die in den Händen anderer nur Mißerfolg hervorbringen. Allerdings sind Gärtner, die bei der Anzucht stets Erfolg haben, keineswegs Menschen, die, mit einer »glücklichen Hand« geboren, Pflanzen auf magische Weise gedeihen lassen können. Vermutlich können sie sich nur besser in die Bedürfnisse der Pflanzen einfühlen und die Wachstumsfaktoren Licht, Luft, Wärme und Wasser mit den darin gelösten Nährstoffen besser aufeinander abstimmen. Ein guter Gärtner kennt zudem den Aufbau der einzelnen Pflanzen und weiß, wann und unter welchen Bedingungen Stecklinge, Absenker oder Veredelung zum gewünschten Erfolg führen.

In jedem Kapitel dieses Buches sollen die pflanzenkundlichen Grundlagen zu allen Methoden dargestellt werden, die wir empfehlen. Auf diese Weise lernt der Leser zu begreifen, warum bestimmte Vorgänge in einer bestimmten Weise ablaufen müssen. Wer sich den Inhalt des Buches kontinuierlich erarbeitet und die vorgeschlagenen Methoden anwendet, wird – auch wenn er sich niemals zuvor in der Vermehrung von Pflanzen versucht hat – Erfolg haben.

Kaum etwas bringt mehr Befriedigung als die Erzeugung neuer Jungpflanzen von einer Mutterpflanze, die im eigenen Garten gewachsen ist.

Einführung

Werkzeug und Material

Man braucht keine besonderen Spezialwerkzeuge zu kaufen, wenn man mit der Vermehrung beginnt. Im allgemeinen verwendet man gebräuchliche Gartengeräte, wie Spaten, Grabgabel, Rechen und Pflanzspaten. Es gibt aber einige kleine Geräte und Materialien, die die Arbeit erleichtern.

Universalmesser In England verwenden viele Fach- und Hobbygärtner diesen Typ eines scharfen Schnittwerkzeugs mit auswechselbaren Klingen. Für das Schneiden von Stecklingen oder ähnliche Arbeiten hat es sich als sehr geeignet erwiesen. Die Schneide einer jeden Klinge ist ebenso scharf wie die des besten Veredelungsmessers. Das Werkzeug selbst ist jedoch viel preiswerter.

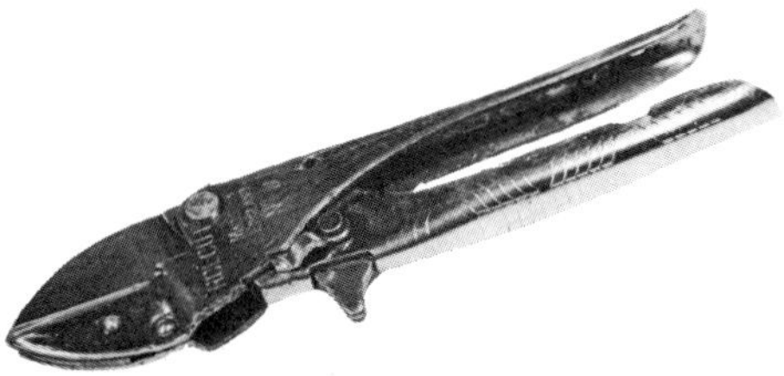

Scheren Eine Allzweckschere, die man auch für den Verjüngungsschnitt im Garten verwendet, besitzen Sie vielleicht bereits. Wenn nicht, so wäre eine nicht zu große, scharfe Gartenschere ideal. Sie erweist gute Dienste, wenn man Stecklinge aus hartem Holz schneidet oder Absenker macht. Wenn im Garten nicht sehr viele Gehölze geschnitten werden müssen, braucht man keine teuren Scheren anzuschaffen. In kleinen Gärten braucht man sie ohnehin nur selten. Am besten kauft man sich eine Gartenschere zu annehmbarem Preis. Nach dem Gebrauch säubert und trocknet man sie. Die Klingen fettet man ein. Läßt man sie naß liegen, beginnt der Stahl der billigeren Scheren bald zu rosten. Durch Rost wird die Klinge beschädigt. Gut gepflegte billigere Scheren leisten im übrigen genau so gute Dienste wie teure.

Messer für die Vermehrung Es gibt viele Modelle kleiner Klappmesser, die für den Gärtner bei der Vermehrungsarbeit von Vorteil sind. Die Unterschiede werden durch Mode und persönlichen Geschmack bestimmt. Fast alle sind geeignet, sofern man die Schneide gut schärfen kann. Das spezielle Veredelungsmesser für den Gärtner hat eine zweckdienliche Form, gute Stahlklingen und eine zusätzliche, spitze Elfenbeinklinge, die für bestimmte Veredelungsarbeiten erforderlich ist. Ein solch erstklassiges Werkzeug ist nicht übermäßig teuer, und da es wichtig ist, ein Messer zu benutzen, das seine Schärfe auch behält, sollte man hieran nicht sparen.

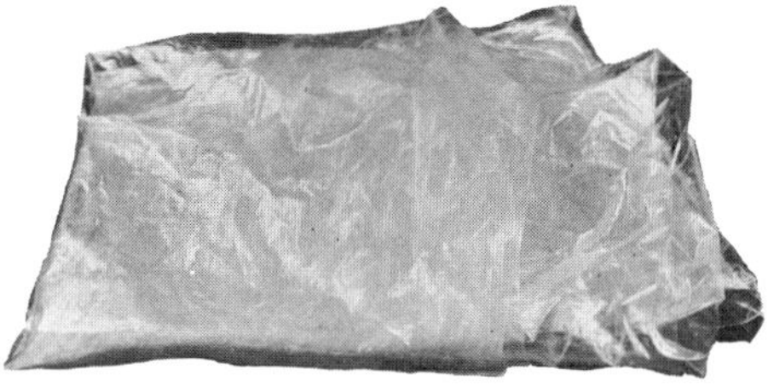

Plastikfolie Ausgefallenes Material ist für die Vermehrungsarbeit nicht erforderlich. Ein sehr nützliches Hilfsmittel, das nur wenig kostet, ist einfache Plastikfolie. Sie ist in verschiedenen Stärken – geringere

Stärken sind besser – geeignet und in großer Auswahl im Bauhandel erhältlich. Man braucht sie zum Schutz der Jungpflanzen, u. a. um Wind und Regen von ihnen abzuhalten. Zur Reinhaltung von Arbeitstischen ist ein Bogen dickerer Plastikfolie von Nutzen, besonders wenn das Eintopfen im Hause durchgeführt wird. Durchsichtige Plastikbeutel erweisen sich bei der Anzucht von Stecklingen und Sämlingen als ideale Schutzhülle.

Bindfaden und dünner Draht Sie sind in verschiedener Stärke im Garten immer nützlich. Kurze Stücke mit Plastik überzogenen Drahtes eignen sich gut, wenn man Stecklinge schnell und fest anstäben oder Absenker mit Haken befestigen will. Für bestimmte Arbeiten, wie das Verbinden von Veredelungen, ist Bast das übliche Material. Man verwendet allerdings auch häufig Patentclips aus Kunststoff.

Blumentöpfe Sie werden mittlerweile fast ausschließlich aus Plastik hergestellt, und dennoch findet man immer noch häufig genug den alten Tontopf. Wird er nach jedem Gebrauch gut gewaschen, so ist er genauso nützlich wie der Plastiktopf. Zum Reinigen benützt man ein pilztötendes Mittel, am besten Chinosol (1-g-Tabl. auf 1 l Wasser). Plastiktöpfe sind besonders leicht an Gewicht und einfach zu handhaben. Man verwendet sie heute fast überall.
Bei der gebräuchlichsten Topfgröße beträgt der Durchmesser etwa 8 Zentimeter, es sind aber auch gelegentlich kleinere, vielleicht 5-cm-Töpfe, und für kräftigere Pflanzen selbstverständlich große Töpfe erforderlich.

Saatgefäße Für Sämereien (besonders für die empfindlicheren Sämereien) benötigt man Kistchen. Außer den herkömmlichen Holzkistchen, die nützlich und oftmals kostenlos oder zumindest sehr billig erhältlich sind, gibt es im einschlägigen Handel Plastikschalen zu kaufen, die wirklich besser sind als alles andere. Sie wiegen wenig, sind einfach zu reinigen und übertragen nicht so leicht Krankheitskeime. Ihr Preis ist niedrig. Sie sind absolut empfehlenswert. Für diese Schalen kann man sich außerdem durchsichtige Deckel besorgen. So entstehen Vermehrungskästen in kleiner Form. Darin kann man auch besonders empfindliche Sämlinge erfolgreich aufziehen.

Fasertöpfe Eine völlig andere Gruppe von Pflanztöpfen bilden die Fasertöpfe. Diese werden aus Papierfasern oder aus gepreßtem Torf hergestellt. Heutzutage werden sie manchmal mit mineralischen Nährstoffen getränkt. Die Fasertöpfe sollen den Pflanzen den Schock beim Umsetzen ersparen. Man kann sie nämlich ins Freiland oder in größere Töpfe setzen, ohne sie aus ihren Behältern nehmen zu müssen. Die Topffaser wird von den Pflanzenwurzeln durchdrungen und verrottet schließlich im umliegenden Boden. So bleibt die Pflanze von allen Schwierigkeiten und vom Pflanzschock, den sie beim Versetzen aus einem gewöhnlichen Plastiktopf erleiden würde, verschont. Pflanzen, die man in diesen Fasertöpfen wachsen läßt, gedeihen oft rascher als alle anderen.

Spezielle Mittel und Materialien Auch ein paar einfache Chemikalien sind erforderlich; z. B. Wurzelhormone, die bei Stecklingen und Absenkern die Wurzelbildung anregen, und außerdem natürlich die im Handel erhältlichen Fertigerden. Gegen Insekten und Krankheiten gibt es viele Spritzmittel. Allerdings sollten sie bei sauberer und sorgfältiger Arbeit gar nicht erst nötig sein. Ein weiteres spezielles Material ist Baumwachs. Es schließt frische Veredelungen luftdicht ab. Man braucht es nur bei komplizierteren Arbeiten. In solchen Fällen ist es immer ratsam, die Gebrauchsanweisung der Hersteller genau zu befolgen, besonders im Hinblick auf die Stärke der Lösungen. Zuviel oder zu konzentrierte chemische Zusätze können oft verheerenden Schaden anrichten. Man lese den Text auf den beigefügten Zetteln und beachte genauestens die empfohlenen Methoden und Dosierungen.

Mit dieser einfachen Auswahl von Werkzeug und Material kann man fast jede Pflanze im eigenen Garten vermehren.

Wachstumsfaktoren

Bevor wir jedoch beginnen, sollten wir die Grundbedürfnisse der Pflanzen kennenlernen. Dann erst wird uns klar, wie wir eine Jungpflanze behandeln müssen.
Am notwendigsten braucht die Pflanze Licht, Wasser, Luft und Nährstoffe. Außerdem muß sie bei einer bestimmten Temperatur gehalten werden, die den Bedingungen des Ursprungslandes angepaßt sein sollte. Es ist klar, daß tropische Pflanzen nach mehr Wärme und größerer Luftfeuchtigkeit verlangen, als z. B. Pflanzen aus dem Hochgebirge. Manche Arten brauchen viel Licht, andere vergleichsweise viel Schatten.
Diese Faktoren sind alle gleich wichtig, denn fast jede Pflanze stirbt, wenn ein bestimmter Faktor ausfällt. Wichtig ist es auch, sie zueinander ins richtige Gleichgewicht zu setzen, damit jede Pflanze die jeweils optimale Menge davon erhält. Wir behandeln die Wachstumsfaktoren hier der Reihe nach und beginnen mit dem

Licht Alle Grünpflanzen brauchen Licht, um gedeihen zu können. Sie brauchen die Lichteinwirkung auf den Blättern, um ihre Baustoffe zu erzeugen. Ohne Licht arbeitet das Blattgrün nicht, die Pflanze kann die Mineralstoffe aus dem Boden nicht mehr in Baustoffe umwandeln und stirbt allmählich ab. Die Bedürfnisse der einzelnen Pflanzen im Hinblick auf Menge, Stärke und Dauer der Lichteinwirkung weichen jedoch stark voneinader ab. Hier müssen von Fall zu Fall die Bedingungen des Ursprungslandes in Betracht gezogen werden. Eine Pflanze, deren Heimat der dichte tropische Urwald ist und die unter Bäumen wächst, wird natürlich mehr Schatten und bedeutend weniger Licht brauchen als eine Wüstenpflanze, die in greller Sonne gedeiht. Die große Mehrzahl der Pflanzen hat sich jedoch unseren gemäßigten Verhältnissen weitgehend angepaßt, d. h. ihre extremen Bedürfnisse haben sich vermindert. Wenn die ausgewachsene Pflanze Schatten liebt, so verlangt die junge Pflanze auch nach Schatten. Bevorzugt die ausgewachsene Pflanze, wie z.B. die Pelargonie, Sonne, so wird der junge Steckling oder Sämling auch eine trockene, helle Lage brauchen. Bei der Anzucht im Garten kann man das Tageslicht nicht steuern, aber man kann einen geeigneten Ort zur Pflanzung finden, sei es nun im Schatten oder in freier Sonne. Man kann auch nach Bedarf eine kühlere Nord- bzw. Ostlage wählen, wenn eine direkte Südlage nicht angeraten zu sein scheint. Im umschlossenen Raum, wenn wir auf einem Fensterbrett oder in einem Gewächshaus Pflanzenanzucht betreiben, müssen wir uns eingehender mit den Lichtbedingungen befassen. In jedem Gebäude ist es dunkler als draußen. Das menschliche Auge paßt sich den unterschiedlichen Helligkeitsgraden sehr rasch an, der Kontrast scheint weniger groß zu sein, als es der Wirklichkeit entspricht. Jeder Fotograf weiß, daß sogar in einem hell erleuchteten Raum die Lichtstärke nur 1/50tel des normalen Tagelichtes im Freien aufweist.
Pflanzen, die man in ein normales Zimmer stellt, müssen deshalb an einem möglichst hellen Platz stehen, möglichst aber nicht unmittelbar in der Mittagssonne. Diese brennende Hitze, die ein bis zwei Stunden andauert, kann eine Menge Probleme verursachen. Durch die volle Lichteinwirkung trocknet die Oberfläche der Blätter ab, die Pflanze verliert Wasser und läßt rasch die Blätter hängen. Die Temperatur im Boden kann sich so stark erhöhen, daß dieser völlig austrocknet.
Andererseits erweist sich ein Fenster auf der Westseite oft als recht günstig. Tagsüber ist es ziemlich hell und nur gegen Abend scheint die Sonne, wenn sich die

Kraft ihrer versengenden Strahlen schon stark gemindert hat. In oberen Stockwerken sind die Zimmer oft heller als im Parterre, weil sie nicht der Schatten von benachbarten Gebäuden oder Bäumen trifft. Die Temperatur ist oben auch weniger veränderlich.
Man wählt im allgemeinen für alle Pflanzen einen Standplatz mit möglichst viel Licht. Jedoch dürfen Jungpflanzen dabei in der Mittagshitze keine Verbrennungen erleiden. Nur Wüstenpflanzen bilden eine Ausnahme.

Wasser Der zweite wichtige Faktor ist der Wasserbedarf aller Pflanzen. Der Wasserdruck erhält den Saft in Sproß und Blatt, hält sie prall, fest und gesund, damit sie sich der Sonne entgegenstrecken können. Ohne Wasser hängen die Blätter herab, die Sprosse schrumpfen, und schließlich sinkt die Pflanze ganz zu Boden und stirbt ab. Zuviel Wasser im Topf kann im übrigen eine ähnliche Wirkung hervorrufen. Das hat jedoch andere Ursachen. Alle normalen Pflanzen benötigen kleine Lufträume rings um ihre Wurzeln. In stark durchnäßtem Boden entsteht Luftmangel, unter dem die Pflanze leidet. Die meisten Pflanzen lieben Erdreich, in dem Wasser und Luft ungefähr zu gleichen Teilen enthalten sind. Es schadet ihnen auch, wenn die Wasserzufuhr gering und die Luftzufuhr zu hoch ist. Gut zubereitete Komposterde enthält immer gewisse Bestandteile, die Wasser aufnehmen und es den Pflanzen zuführen. Dieses Material ist oft reiner Torf. Für die Ernährung der Pflanze besitzt er praktisch keine Bedeutung, aber seine poröse Struktur bewirkt, daß in der Nähe der Wurzeln eine Vermengung von Luft und Wasser entsteht.
Der häufigste Fehler des Anfängers ist das übermäßige Gießen von Jungpflanzen. Frisch vermehrte Pflanzen geben nur wenig Wasser ab. Die Menge, die in der Anfangsphase ersetzt werden muß, ist sehr gering. Erst wenn das Wachstum beginnt, wird mehr Wasser verbraucht.
Wir können die Töpfe regelmäßig gießen und auch sprühen, um die Wasserzufuhr aufrecht zu erhalten. Es ist aber besser, wenn wir den Versuch machen, den Verdunstungsverlust der Blätter zunächst ganz herabzusetzen. Das geschieht folgendermaßen: Man umgibt die Pflanze mit einem Plastikbeutel, der die eingeschlossene Luft sehr feucht hält und auf diese Weise die Verdunstung verringert. Solange Pflanzen oder Sämlinge so geschützt sind, ist jegliches Gießen überflüssig.
Viele Gärtner ziehen im übrigen den Gebrauch von weichem Regenwasser vor. Für den Hobbygärtner besteht jedoch praktisch kaum ein Unterschied zum normalen Leitungswasser, es sei denn, dieses ist besonders kalkhaltig. In solch einem Fall sollte man es säureliebenden Pflanzen, wie dem Rhododendron, nicht zukommen lassen.
Die Wassertemperatur ist in vielen Fällen sehr viel wichtiger. Die Verwendung von Wasser, das mindestens so warm ist wie die Erde, die die Wurzeln umgibt, erscheint immer wünschenswert. Pflanzen können sonst auf eine plötzliche Überflutung mit eiskaltem Wasser empfindlich reagieren: Sie schränken ihre Wurzelentwicklung ein und werfen Laub ab.
Es ist nicht notwendig, daß man ständig gießt. Das richtet sogar eher Schaden an. Die Entscheidung, wann zu gießen sei oder nicht, trifft ein Gärtner nach dem Gefühl – im Zweifelsfall gießt er lieber zu wenig als zuviel. Glücklicherweise reagieren die meisten Gartenpflanzen auf Fehler solcher Art sehr duldsam.

Luft Ein weiteres Grundbedürfnis der Pflanzen ist Luft. Ohne sie erhält die Pflanze weder Stickstoff noch Sauerstoff, die Bestandteile ihres Lebenszyklus sind. Die ständige Zufuhr von frischer Luft ist für die Jungpflanze in der Entwicklung sehr wertvoll. Frisch geschnittene Stecklinge und Sämlinge verlangen aber viel weniger Luft. Sie kommen häufig längere Zeit mit der Luftmenge aus, die sich in einem Kunststoffbeutel oder unter einem dicht abschließenden Glasdeckel befindet. In diesem Fall wird der Mangel an frischer Luft durch die Erhaltung des feuchten Milieus ausgeglichen.
Sobald die Pflanzen weiterwachsen, ist es notwendig, daß sie sich allmählich an die Zufuhr frischer Luft gewöhnen. Man öffnet jeden Tag einige Minuten lang den Deckel, bis die Pflanzen schließlich für die natürliche Umgebung genügend abgehärtet sind. Dieser Abhärtungsvorgang ist sehr wichtig, bereitet dem Hobbygärtner aber häufig Schwierigkeiten.
Viele Heimgärtner schneiden erfolgreich Stecklinge und ziehen auch Sämlinge bis zu einem bestimmten Zeitpunkt recht gut. Wenn sie aber dann gleich draußen auspflanzen, kommen die Mißerfolge. Bringt man die Pflanze stattdessen innerhalb eines Zeitraums von einer Woche oder vierzehn Tagen nach und nach ins Freiland, treten solche Verluste gar nicht erst auf.

Nährsalze Alle Pflanzen benötigen Nährsalze in kleinen Mengen. Lassen Sie sich nicht durch Gerüchte irreführen, denen zufolge Pflanzen ohne Erde in reinem Wasser wachsen. Auch zu diesem Pflanzenanzuchtsystem gehören Nährsalze in der entsprechenden Dosierung. Meist werden sie im Wasser gelöst, manchmal auch über die Blätter gesprüht. Lassen Sie sich auch nicht allzusehr durch hitzige Diskussionen irritieren, ob man »Kunstdünger« oder natürlichen Dünger für den Boden verwenden soll. Es ist richtig, daß die Dünger sehr unterschiedlich auf den Boden wirken. Das ist der Fall, wenn man z.B. Kuhmist mit Rohstoffen, wie etwa käuflichem Mineraldünger, vergleicht. Für die Pflanzen sind diese Unterschiede belanglos, vorausgesetzt, man verabreicht nicht zu viel Chemikalien; denn fast alle Pflanzen ernähren sich ausnahmslos von anorganischen Stoffen. Auch der natürliche Dünger wird im Boden von Mikroorganismen, z. B. Bakterien, in Stoffe gespalten, die erst nach dem Spaltungsvorgang von den Pflanzenwurzeln aufgenommen werden können. Es sind nunmehr genau dieselben Stoffe, die auch durch die sogenannten Kunstdünger zugeführt werden.
Der Unterschied besteht einfach darin, daß ein Großteil des chemischen Düngers sofort verfügbar ist, während sich bei Naturdüngern immer eine kleine Verzögerung ergibt, weil die Bodenorganismen erst ihre Arbeit verrichten müssen. Dennoch ist in jedem Fall die Menge der benötigten Nährsalze sehr gering. Den größten Teil ihrer Baustoffe bezieht die Pflanze aus der Atmosphäre und dem Wasser im Boden.
Dies gilt für junge Stecklinge allerdings nur zum Teil. Sie leben so lange ohne Zusätze, bis sie genügend bewurzelt sind, auch wenn man sie in Erde pflanzt, die überhaupt keine Nährstoffe enthält. Es genügt sogar grober Sand oder reines Wasser.
Der Steckling lebt von der in Sproß und Blättern gespeicherten Nahrung und entwickelt dabei ein neues Wurzelsystem. Die austreibenden Wurzeln suchen nach Nährstoffen, bis sie in die neue Erde verpflanzt werden und von da an die Nahrungsversorgung für die ganze Pflanze übernehmen.
Da Sämlinge so winzig sind, benötigen sie natürlich zuerst wenig Nährstoffzufuhr.

Die meisten Samen enthalten einen kleinen Nahrungsvorrat, von dem die Sämlinge leben, während sie ihre ersten Blätter und Wurzeln treiben. Der Boden, in dem sie wachsen, sollte aber in kleinen Mengen Pflanzennährstoffe in sorgfältig ausgeglichenem Verhältnis enthalten. Sämlinge sind unterschiedlichen Nährstoffgehalten gegenüber sehr empfindlich.
Der Berufsgärtner braucht für frische Aussaaten, ausgewachsene Sämlinge und Stecklinge verschieden gemischte Erden, und zwar wegen der verschiedenen Nahrungsansprüche. Das Substrat für die erste Aussaat enthält immer weniger Nährstoffe, als die Erde für die reiferen Pflanzen. Zur Entwicklung solcher gemischten Erden hat man viel Forschung betrieben. Der Gartenliebhaber kann sich die Resultate jetzt in großer Auswahl im Fachgeschäft kaufen. Es ist ohnehin besser, wenn man für die eigenen Saatkistchen und Töpfe fertige, vom Fachmann gemischte Erden verwendet. Die kleinste Spur von Unreinheit kann bei jungen Sämlingen schon Schaden anrichten. Genauso kann das Fehlen nur einer Spur eines besonderen Stoffes bereits Wachstumshemmung und völligen Mißerfolg mit sich bringen.
Wenn man später etwas Erfahrung gesammelt hat, kann man sich seine Komposterde selbst mischen.

Temperatur Die Wärme kann bei Jungpflanzen zum Problem werden. Natürlich können nur wenige Pflanzen bei Temperaturen unter dem Gefrierpunkt längere Zeit weiterleben. Wenn sie das aber auch tun, so wachsen sie doch schon bei einer Temperatur von 7–10° C fast gar nicht mehr. Oberhalb dieser Grenze der Minimaltemperatur unterscheiden sich die Pflanzen stark im Hinblick auf den Wärmebedarf, der kräftiges Wachstum gewährleistet.

Wir haben vorhin darauf hingewiesen, daß dies hauptsächlich wegen des unterschiedlichen Ursprungs unserer Gartenpflanzen der Fall ist.
Selbstverständlich sind Stecklinge und Aussaaten im Freiland von Temperatur und Witterung abhängig. Deswegen ist der Zeitpunkt der Aussaat oder des Stecklingsschnitts so wichtig. Der Boden muß zu seiner Erwärmung genügend Zeit haben, und es ist wichtig, daß der verbleibende Teil der Wachstumsperiode lang genug ist, um der Pflanze die Entwicklung eines fertigen Sproß- und Blattsystems zu ermöglichen. Sie ist dann in der Lage, das kommende, kältere Wetter zu vertragen. Hierzu gehören alle jene Pflanzen, die für die Freilandvermehrung aufgeführt wurden. Man braucht aber die vorgeschlagenen Aussaat- oder Vermehrungszeiten nicht wie eine starre Vorschrift zu behandeln. Wenn z. B. ein Gärtner erfolgreich im Mai aussät, so kann man daraus nicht unbedingt folgern, daß zum gleichen Zeitpunkt an einem anderen Ort akkurat die gleichen Ergebnisse erzielt werden. In Gebieten mit spätem, kaltem Frühjahr ist eine Hinauszögern der Aussaat notwendig, damit der Boden sich erst erwärmen kann. In günstigerer Lage hingegen erhält man durch eine frühere Aussaat bessere Pflanzen. Dies ist auch dann der Fall, wenn man das Risiko geringer Verluste durch Fröste auf sich nimmt, um Nutzen aus der langen Wachstumsperiode zu ziehen und schließlich größere und bessere Pflanzen zu erzielen.
Ähnlich unterscheiden sich aufeinanderfolgende Jahre in ihren Temperaturen, wenn z.B. der Mai des einen Jahres wesentlich kälter oder wärmer ist als im vergangenen oder darauffolgenden Jahr.

Vermehrung durch Wurzeln, Sprosse und ihre Organe

Teilung von Zwiebeln

Die erste Vermehrungsart, die wir hier anführen, ist kinderleicht zu handhaben: Es ist die Teilung von Zwiebeln. Wenn man eine Narzissenzwiebel guter Qualität betrachtet, findet man seitlich häufig eine Anzahl kleinerer Zwiebeln. Möglicherweise kann die Zwiebel auch aus zwei Teilen bestehen. Es sieht dann so aus, als wenn zwei oder mehrere Zwiebeln ganz dicht zusammenlägen, und das ist tatsächlich auch der Fall. Dies ist für die meisten Zwiebeln die natürliche Form der Vermehrung. Sie treiben an den Seiten einfach neue, kleine Zwiebeln, die Brutzwiebeln. Die einzelne Mutterzwiebel entwickelt sich so im Laufe der Jahre zu einem Bündel von mehreren Zwiebeln.
Die mittlere Zwiebel bleibt allerdings mehrere Jahre viel größer als die übrigen. Man kann die kleineren Brutzwiebeln wegbrechen oder die zweiteiligen Zwiebeln trennen und die Teilstücke dann einzeln in gute Erde einpflanzen. Sie wachsen schnell und erzeugen selbständig große Blüten. Wenn diese jungen Zwiebeln einmal ihre volle Größe erreicht haben, entdeckt man, daß auch sie seitlich neue Brutzwiebeln austreiben und den Vorgang so fortsetzen. Wiederholt man diese Arbeit alle paar Jahre, so kann man sicher sein, daß man eine rasch wachsende Anzahl erstklassiger Blüten erhält. Dabei sollte man stets daran denken, nur in gute Erde zu pflanzen und nicht auf irgendein altes Beet, das nicht vorbereitet wurde.
Obwohl diese Methode leicht verständlich ist, enthält sie doch auch alle für die fortgeschrittene Gartenarbeit wesentlichen Punkte. Sie zeigt,

a) wie der Gärtner Vermehrungspraktiken von der Natur übernimmt, wobei er versucht, den gesamten Vorgang zu beschleunigen. Zu einer von keinem Eingriff unterbrochenen Fortentwicklung würde die Pflanze sechs, sieben oder mehr Jahre benötigen. Jetzt verkürzt sie sich auf nur zwei oder drei Jahre.

b) wie Pflanzen, die auseinandergebrochen wurden, und vielleicht nicht einmal Wurzeln oder Blätter haben, dennoch selbständig werden und ihre eigenen Wurzeln und Blätter entwickeln.

1 Große Zwiebeln haben oft mehrere Tochterzwiebeln, die dicht zusammenstehen, oder sie entwickeln winzige Brutkörperchen, die an ihrer Basis haften.

2 Solche Zwiebeln teilen sich von selbst. Man kann die Teilstücke leicht auseinanderbrechen. Sogar Teilstücke ohne Wurzeln entwickeln sich schnell, wenn man sie in gute Erde pflanzt.

1

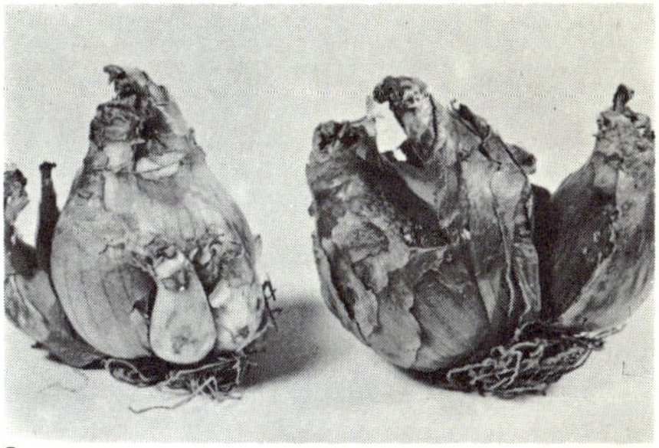

2

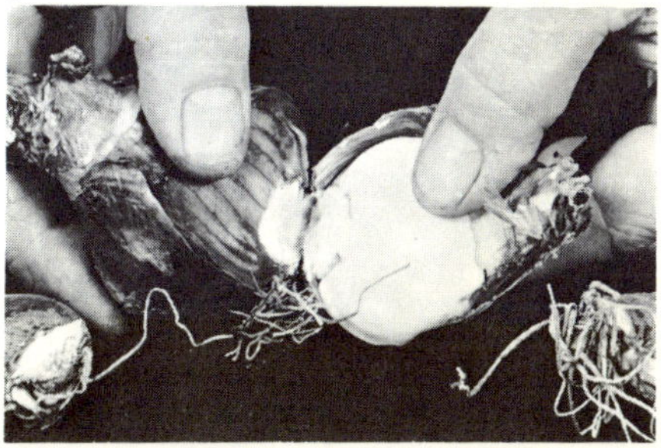

c) wie wichtig es ist, den Jungpflanzen gute, feuchte, wohltemperierte Erde zu geben.
Erfolgreiche Vermehrung kann also nur durchgeführt werden, wenn man die Natur und die naturgegebenen Gewohnheiten jeder Pflanze berücksichtigt.
Einige der Zwiebeln, die wir in unseren Gärten pflanzen, sind eigentlich Knollen. Beispiele hierfür sind Krokus und Gladiole.

Betrachtet man eine normale Zwiebel, z.B. die einer Narzisse, entdeckt man, daß sie bis zu ihrer Mitte aus vielen dünnen, schalenartig übereinandergreifenden Blättern besteht. Zerschneidet man dagegen eine Gladiolenknolle, so erkennt man einen festen Sproß, der nur von ein paar dünnen Schalen bedeckt wird.
Dennoch entwickeln die Knollen genau wie die Zwiebeln Seitensprosse. Sie sind jedoch für gewöhnlich so klein wie Reiskörner und schmiegen sich seitlich an die Knollenbasis. Wenn man sie abpflückt und einzeln auspflanzt, entwickeln sie sich stets zu voller Größe. Vielleicht brauchen sie eine lange Zeit, um ihre volle Größe zu erreichen. Einerlei, wie jung und klein sie sind – sie werden genauso wie die ausgewachsene Pflanze behandelt. Junge Gladiolen nimmt man z.B., wie die alten Pflanzen, in jedem Herbst heraus und lagert sie bis zum Frühjahr. Die Vermehrung durch Brutkörperchen läßt den Pflanzenbestand rascher anwachsen als das übliche Teilen der Zwiebeln, weil einfach größere Mengen davon vorhanden sind. Auch Hyazinthen kann man zum Treiben solcher winzigen Knöllchen bringen: Man schneidet an der Basis ein kleines Loch in die Zwiebel und pflanzt sie fest in einen Topf mit Erde.

Primeln

Teilung von Wurzelstöcken

Es gibt viele Pflanzen, kleine und große, die sich allmählich über den umliegenden Boden ausbreiten.
Viele Arten aus der Familie der Primelgewächse z.B. bilden ständig neue Sprosse, und so entsteht ein Bestand dicht miteinander verwachsener kleiner Pflanzen, vielleicht 50 oder mehr an der Zahl. Jede Pflanze wird von einem Blätterbüschel umgeben und jede Blattgruppe besitzt ein paar eigene Würzelchen, die unter der Erdoberfläche miteinander filzartig verwachsen sind.
Aus dieser Tatsache können wir den Nutzen ziehen, unseren Pflanzenbestand rasch zu vergrößern. Man nimmt einfach einen ausgewachsenen Wurzelstock vorsichtig heraus, trennt die einzelnen Pflanzen und pflanzt sie weiter voneinander entfernt in gute Erde. Sie werden schneller wachsen, und es werden sich stärkere Pflanzen bilden, die besser blühen. Zu gegebener Zeit bringen auch sie neue Pflanzen, die man voneinander trennen kann.
Wenn wir die Pflanzen teilen, ist es unvermeidlich, daß ein paar Wurzeln beschädigt werden. Das macht aber nichts. Wie fast alle Teile der Pflanze besitzt auch die Wurzel Regenerationskräfte und treibt an der Schnittstelle bald aus. Diese Fähigkeit der Pflanze, einen radikalen Schnitt ihrer Wurzeln, Sprosse und Blüten zu überwinden, ermöglicht uns die Weiterentwicklung und -vermehrung.
Obwohl das Teilen sehr einfach ist, gibt es dennoch eine Regel, die immer beachtet werden sollte: Man bereite zuerst die Pflanzfläche vor! Je schneller man die Pflanzen herausnimmt, teilt und wieder einpflanzt, desto besser überleben sie.
Sie erleiden so bei geringerem Temperaturwechsel einen weniger starken Schock.
Die Wurzeln finden sich sofort nach der Umbettung in einer feucht-warmen Umgebung wieder. So wachsen sie schneller weiter.Trotzdem lassen sie gewiß die Blätter hängen. Oft fallen sie offenbar ganz zusammen. Dieser Zustand sollte jedoch bei den Primeln höchstens ein paar Tage andauern. Dann beginnen die Pflanzen, Wasser aus der neuen Erde aufzunehmen, und bei zuträglichem Wetter wird innerhalb von vierzehn Tagen die volle Lebenskraft wieder hergestellt.
Die neuen Pflanzen sind in der Tat oft besser als zuvor. Bei Pflanzen, die sich von der Mitte her ausbreiten, haben die in der Mitte (und deswegen die ältesten des Bestandes) eine geringere Neigung zum Blühen, manchmal hören sie auch ganz auf. In solchem Fall bleiben die besten Blüten nur am Rande des Bestandes stehen. Zeigt sich dies sehr ausgeprägt und ist die Gruppe der Mutterpflanze groß genug, so wirft man die wenig blühende Mitte weg und behält nur die jungen, kräftigen und gesunden Pflanzen am Rande.
Die Jahreszeit zur Teilung einer blühenden Pflanze läßt sich leicht feststellen. Für Blumen, die im Frühling oder Frühsommer blühen, ist der Zeitpunkt nach der Blüte am geeignetsten. Dann kann man den frisch geteilten Pflanzen noch genügend Zeit lassen, sich vor Winterbeginn zu regenerieren. Bei später im Jahr blühenden Pflanzen ist es besser, die Teilung zu unterlassen, bis im Frühjahr die Wachstumsperiode beginnt.
Man hält die frisch geteilten Pflanzen stets in feuchtem Zustand. Wenn es nicht bald Regen gibt, ist es ratsam, sie, zumindest täglich, mit Wasser zu besprühen – bei heißem Wetter möglichst öfter. Die meisten Pflanzen können über ihre Blätter genauso gut Wasser aufnehmen, wie über ihre Wurzeln. Da Wurzelschäden beim Teilen unvermeidbar sind, muß man der Pflanze helfen, ihre Wasserverluste auszugleichen.

1 Man gräbt bei kleinen Pflanzen die Wurzel möglichst vollständig aus, wobei man mit dem Spaten tief einsticht und zusammen mit den Wurzeln soviel Erde wie möglich herausholt.

2 Man entfernt mit den Händen etwas Erde, um das ganze Wurzelsystem freizulegen. Man erkennt sofort, ob die Pflanze aus mehreren Einzelpflanzen besteht, deren Wurzeln miteinander verflochten sind.

3 Die einzelnen Wurzelstöcke können einfach mit den Händen getrennt werden. Wenn notwendig, nimmt man zum Zerteilen der dickeren Wurzeln ein scharfes Messer.

4 Aus jeder Gruppe erhält man mehrere neue Pflanzen, und man kann diese ihrerseits nach ein oder zwei Jahren wieder trennen, wenn sie zu Büscheln geworden sind.

1

2

3

4

5 Große Rabattenstauden, wie Astern, Phlox, Haemerocallis etc., bilden dick verfilzte Geflechte aus Wurzeln und Sprossen. In solchen Fällen breiten sich die Wurzeln so stark aus, daß man sie als Ganzes nicht gut herausnehmen kann. Man gräbt nur soviel von Sproß und Wurzel aus, wie man bequem herausheben kann. Dann schneidet man alle abgestorbenen Teilstücke zwischen den Sprossen weg.

6 Von der Mitte aus wachsende Pflanzen entsenden fast alle Sprosse direkt aus den Wurzeln und können leicht in Einzelpflanzen mit ein paar Blättern oder Trieben zerteilt werden, von denen jeder mit einigen Wurzeln verbunden ist.

7 Je nach Pflanzenart kann man bis auf Einzeltriebe zerteilen oder Gruppen von vier oder fünf Trieben zusammenlassen. Auch hier findet man die besten Blüten am Rande der Büschel.

8 Um einem zu großen Wasserverlust durch Verdunstung vorzubeugen, wird die Blattfläche der Pflanzen reduziert. (Lange Blätter halb einkürzen, rundliche bis auf zwei oder drei entfernen.) Man pflanzt die Teilstücke wieder ein, wobei man ihnen einen ihrer Größe entsprechenden Raum läßt, und versichert sich, daß die Wurzeln fest von der Erde umschlossen werden. Zu lockeres Einpflanzen bringt Verluste.

5

7

6

8

Einige Pflanzen, wie z.B. die bekannte Funkie, bilden ein so stark verwobenes Wurzelgeflecht, daß es fast unmöglich ist, sie zu teilen. Man kann sie (während ihrer Ruheperiode) ausgraben und die riesige, dicke Wurzel mit einem scharfen Spaten oder Messer in handliche Stücke zerteilen bzw. zerschneiden. Diese scheinbar rohe Methode ist jedoch recht wirkungsvoll. Im darauffolgenden Jahr treiben die neu eingepflanzten Teilstücke frische und kräftige Wurzeln. Sie überstehen den Eingriff umso besser, als sie sich jetzt ohne die Konkurrenz der Nachbarwurzeln ausbreiten und aus der frischen Erde Nahrung aufnehmen können. Bald treiben sie kräftige neue Blätter und üppigere Blüten.

Funkie

Rhizomteilung

Ein Sonderfall sind die Schwertlilien. Man kann sie durch Teilung vermehren, aber sie haben ein ungewöhnliches Wurzelsystem, das aus einer Anzahl verdickter, harter Sprosse besteht, die horizontal an der Erdoberfläche wachsen und ein ziemlich massives Geflecht bilden. Diese liegenden Sprosse nennt man Rhizome. An ihren wachsenden Spitzen treiben sie aus jungen Blättern kräftige Blüten. Da sie sich gegenseitig überkreuzen, bilden die meisten Schwertlilien im Laufe der Zeit große Beete ineinander verwobener Rhizome. Diese Beete kann man aufteilen und auf diese Weise große Mengen neuer, kleinerer Pflanzen gewinnen. Dadurch verbessert sich die Qualität, denn man behält nur die kräftigsten, sprossenden Spitzen und wirft die älteren ausgezehrten Rhizomteile weg. Die verdickten Sprosse enthalten glücklicherweise so viel Nahrung, daß der Erfolg praktisch sichergestellt ist. Das ist sogar der Fall, wenn einige Teilstücke zu dieser Zeit keine Wurzeln haben. Festes Verpflanzen ist wie immer wichtig. Bei Schwertlilien führt das allerdings zu gewissen Schwierigkeiten, da man das Rhizom nicht tief unter die Erdoberfläche setzen darf. Viele Gärtner pflöcken die zerschnittenen Rhizome mit Hölzchen fest, bis sie Wurzeln gebildet und sich verankert haben. Dadurch wird ein Verwehen durch den Wind verhindert. Dies ist aber für gewöhnlich nur an ungeschützten Stellen notwendig.

Eine Schwierigkeit tritt auf, wenn man Pflanzen, insbesondere Schwertlilien, nach der Teilung an ihren ursprünglichen Stand zurücksetzen will. Denn in diesem Fall kann man den Boden nicht entsprechend vorbereiten. Glücklicherweise macht dies der Iris nicht so viel aus. Gewöhnlich überlebt sie, wenn man das Rhizomgeflecht aus dem Boden herausholt und es zwei oder drei Tage ausgegraben liegen läßt. Dazu bedeckt man es allerdings mit einer dünnen Schicht feuchter Erde. Nun hat man Zeit, das alte Beet vorzubereiten: man gräbt es tief um und arbeitet Dünger und Kompost ein. Während der folgenden Tage kann man dann die Teilung der alten Pflanze vornehmen.

Man wird feststellen, daß aus den Schnittstellen dieses kriechenden Sprosses bald Wurzeln herauswachsen. Wie bereits geschildert, wachsen aus Wurzeln, die bei der Teilung zerschnitten worden sind, auf natürliche Weise neue Wurzeln. Das ist ganz selbstverständlich. Bei den Schwertlilien entspringen nun die Wurzeln aus dem Rhizom, einem Sproßteil also. Diese charakteristische Fähigkeit, aus Sprossen Wurzeln zu treiben, benützt man als Grundlage für die bekannteste aller Methoden, die Stecklingsmethode, die später beschrieben wird.

Iris

Man teilt die Schwertlilien folgendermaßen:
1 Man hebt das ganze Rhizomgeflecht zusammen mit zwei bis vier Zentimeter Boden heraus. Hier ist die verfilzte Masse alter und junger Rhizome zu sehen, die fest zusammengewachsen sind. In dieser engen Verflechtung ist der Kampf um die notwendigen Nährstoffe hart.
2 Man kann das Geflecht leicht in Einzelstücke zerreißen. Diese enthalten dann jeweils einige junge und einige alte Rhizome. Die jüngeren Sproßspitzen scneidet man mit einem sehr scharfen Messer heraus. Man braucht nur ein einziges Blatt und wenige oder gar keine Wurzeln daran zu lassen.
3 Um während der ersten Wachstumsentwicklung den Verdunstungsverlust zu verringern, kürzt man die Blätter zur Hälfte ein, wozu man ein sehr scharfes Messer braucht.
4 Dieses sind typische Teilstücke, fertig zum Verpflanzen. Jedes hat ein gesundes Büschel Blätter und ein paar Wurzeln, die aus dem Rhizom kommen.
5 Das verpflanzte Rhizom sollte möglichst nur halb eingegraben werden. Am einfachsten geht das, wenn ein paar Wurzeln am Teilstück bleiben. Man drückt sie fest in den Boden, und zwar so tief, daß das Rhizom gerade noch sichtbar bleibt. Denken Sie daran, daß sie an windigen Stellen mit Hölzchen festgehakt werden müssen.

1

2

3

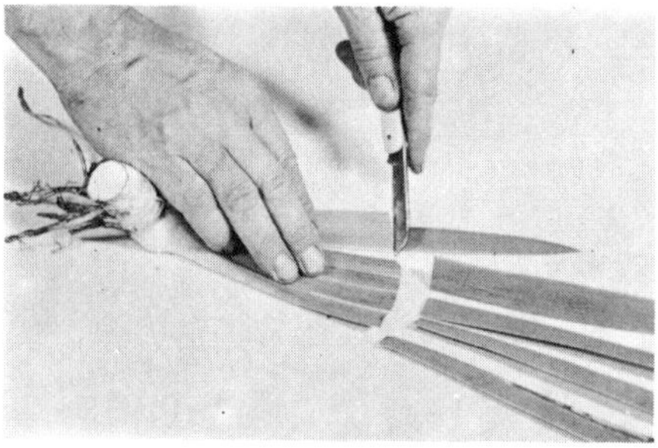

4

5

Schößlinge (»Wurzelsprosse«)

In einem Garten, in dem eine Menge üppiger Sträucher wachsen, kann man feststellen, daß viele davon aus einer dichten Masse von Trieben bestehen, die aus der Erdoberfläche herauswachsen und sich meist über eine größere Fläche verbreiten. Diese Triebe wachsen entweder aus unterirdischen, kriechenden Wurzeln oder Sprossen. Wenn man mehr von solchen Sträuchern haben will, kann man sich einer einfachen Vermehrungsmethode bedienen. Alles, was getan werden muß, ist nachzugraben, um die Verbindung eines äußeren Sprosses mit dem Zentrum der Mutterpflanze zu finden. Man trennt die Verbindungswurzel durch und gräbt die Pflanze mit ein paar Wurzeln vollständig heraus. Dieser sogenannte Schößling war wegen seiner Nahrungsversorgung teilweise von seiner Mutterpflanze abhängig. Da er nun abgetrennt ist, wird er rasch noch mehr eigene Wurzeln entwickeln und zu einer selbständigen Pflanze werden.
Hat man empfindlichere Arten, kann man

Hirschkolbensumach (Essigbaum)

bereits mehrere Monate, bevor man die junge Pflanze versetzt, die Teilung durchführen. Der Schößling wird dann nicht gestört, bevor er frische Wurzeln gebildet hat und kann den Schock einer vollständigen Verpflanzung besser überstehen.
In anderen Fällen, wie bei dem verbreiteten Hirschkolbensumach (Essigbaum), der schnellwüchsig ist und viele Schößlinge treibt, kann man alles in einem Arbeitsgang erledigen: Ein Loch graben, den Schößling abschneiden, herausnehmen und wieder einpflanzen.
Welche Pflanzen diese Schnellbehandlung ertragen, kann nur die Erfahrung lehren. Man kann aber in etwa sagen, daß schnellwüchsige Pflanzen rasch versetzt werden können, während man langsam wachsende lieber teilt und eine Weile in Ruhe läßt, bevor man sie wieder einpflanzt.
Natürlich bedeutet es immer einen großen Schock für die Jungpflanze, wenn man die Verbindung zur Mutterpflanze auf diese Weise unterbricht.

Verpflanzter Schößling des Essigbaumes

Sie läßt vielleicht bald darauf die Blätter hängen und stirbt unter Umständen ganz ab. Doch Sträucher mit Schößlingen erzeugen gewöhnlich so viele Triebe, daß man derartige Verluste ertragen kann. Bei beblätterten Schößlingen kann man das Risiko jedoch vermindern, indem man nach der Teilung die Hälfte der Blätter entfernt. So verringert man in den ersten Tagen den Verdunstungsverlust und die starke Inanspruchnahme der Wurzeln.
Beachten Sie bitte: In unseren Gärten gibt es Pflanzen, die weniger wünschenswerte Schößlinge treiben, wie: z.B. die Rose und einige Arten des Goldregens oder auch des Flieders. Man kann Flieder oder Rosen nicht durch Schößlinge vermehren, die in Büscheln neben dem Stamm aus der Erde sprießen. Sie kommen nämlich direkt aus den Wurzeln der Mutterpflanzen und sind somit Wildlinge. Der Berufsgärtner wählt bei seiner Arbeit vorwiegend eine gewöhnliche Pflanzenart und veredelt sie mit einem Trieb von einer viel wertvolleren Art. So werden Kosten gespart und die Anzucht beschleunigt. Die beiden Teile wachsen dann zusammen. Nur der obere Teil ist »edel«, die Wurzeln der gewöhnlichen Art bleiben natürlich erhalten.
Das Ergebnis dieser merkwürdigen Zusammenfügung ist, daß die »edlen« Triebe besonders kräftig wachsen, vielleicht eine längere Blühperiode haben, oder bessere Blüten oder Früchte hervorbringen. Die Schößlinge, die an der Basis dieser veredelten Pflanzen entspringen, stammen jedoch alle von der Ursprungspflanze, sind genau so einfach und deswegen weniger wertvoll. Vermehrt man sie, erhält man nur gewöhnliche Pflanzen. Rosen treiben oft unter der Oberfläche Schößlinge hervor, die völlig andere Blätter haben. Das sind ebenfalls nutzlose Pflanzen; man kann sie jedoch mit neuen Augen veredeln (s. S. 92).

Wurzelschnittlinge

Freiland-Chrysanthemen

Außer diesen veredelten Pflanzen lassen sich die vielen, nicht veredelten Arten, die aus ihren Wurzeln Sprosse treiben, leicht vermehren.
Diese Methode kann man auch bei vielen Rabattenstauden anwenden. Viele von ihnen, z.B. die Freilandchrysantheme, treiben seitlich an ihrer Basis kleine Sprosse mit ein paar Wurzeln. Man kann die Sprosse abschneiden und weiter wachsen lassen. Der Gebrauch von Seitensprossen zur Vermehrung ist eine logische Weiterentwicklung der bereits dargestellten Teilungsmethoden.

Ein Schößling besteht aus einem Jungtrieb und dem mit ihm verbundenen Wurzelteil der Mutterpflanze. Die Fähigkeit der Pflanzenwurzeln, neue Triebe zu bilden, wird von den Gärtnern seit Jahrhunderten genutzt, um auch Wurzelschnittlinge zur Vermehrung von Pflanzen zu verwenden. Ein Wurzelschnittling ist einfach das kurze Teilstück einer Wurzel, das in gute Erde gepflanzt wird und Blätter bilden soll. An der oberen Schnittstelle entstehen Sproßknospen, die austreiben und eine völlig neue Pflanze hervorbringen. Am unteren Ende bilden sich Wurzelknospen. Dem Gärtner ist das vertraut, weil er weiß, daß viele unserer hartnäckigsten Unkräuter wieder hervortreiben, wenn auch nur ein einziges Stück ihrer Wurzeln im Boden bleibt.
Wenn man Kulturpflanzen vermehrt, wählt man gewöhnlich bleistiftdicke Wurzeln, obwohl die Stärke natürlich von der Art abhängt. Man braucht eine Wurzel, die ausgereift ist, ohne zu stark verholzt oder zu hart zu sein. Dieses Wurzelstück kann man dann weiterhin in kleinere Stücke von zwei bis fünf Zentimetern Länge zerteilen, je nach dem wie groß die Pflanze ist und um welche Art es sich handelt. Die Teilstücke setzt man fünf bis zehn Zentimeter tief in normale Erde. Aus dem Wurzelende, das der Spitze der Mutterpflanze am nächsten war, bildet sich immer die Sproßknospe. Das ist auch der Fall, wenn man den Schnittling umgekehrt einpflanzt. Wenn sich die Sproßknospe jedoch am unteren Ende eines Schnittlings entwickelt, hat sie es schwerer, den Weg zur Oberfläche zu finden, weil sie dabei einen Bogen beschreiben muß. Es ist am besten, wenn man Wurzelschnittlinge entweder waagerecht oder senkrecht in die Erde legt. Zur Erleichterung dieses Vorgangs, schneidet man den Wurzelschnittling am unteren Ende schräg. Die so ge-

kennzeichnete Schnittstelle setzt man bei senkrechter Pflanzung nach unten.
Selbst wenn man die Schnittlingsvermehrung im Freiland durchführen kann, hat man unter Umständen auch Ausfälle: entweder durch zu starkes Hacken oder einfach, weil man den ehemaligen Pflanzort vergißt. Oft ist es besser, man füllt tiefe Kisten mit guter Komposterde, stellt sie draußen an einem geschützten Ort auf und setzt die Wurzelschnittlinge hinein. Man kann sie dann besser beobachten und sich so davon überzeugen, daß sie bis zum Wachstumsbeginn nicht gestört werden.

1 Man gräbt die Wurzeln heraus und zerschneidet sie in fünf bis acht Zentimeter lange Teilstücke. Einige Pflanzen bluten ein wenig an den Schnittstellen, besonders zur Wachstumszeit. Das wirkt sich jedoch nicht auf die Fähigkeit zur Wurzelbildung aus.

2 Wenn man das untere Ende des Schnittlings schräg schneidet, fällt es nicht schwer, ihn richtig in die Erde zu stecken. Gut drainierte Erde ist wesentlich für die Schnittlinge. Außerdem ist es gut, die Erde an den Pflanzstellen mit ein oder zwei Spaten groben Sandes zu vermischen.

1

2

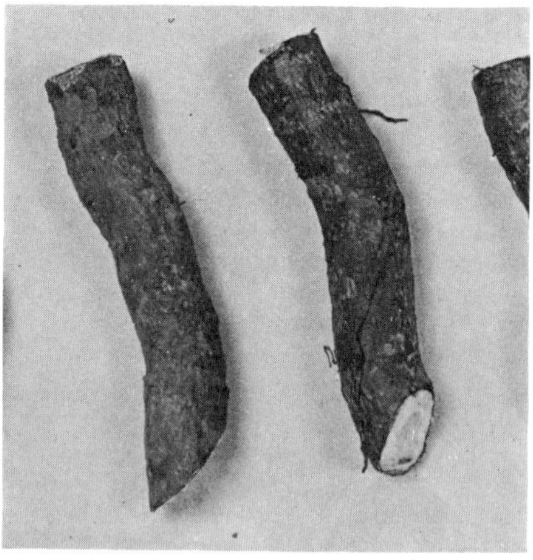

Knollen

Pfingstrosen, Dahlien und viele andere Pflanzen entwickeln in der Nähe ihrer Sproßbasis knollenartige Nahrungsspeicher. Diese bestehen aus umfangreichen Knollen verschiedener Gestalt, aus denen Sprosse wachsen und sich Wurzeln entwickeln. Meistens kann man die Knollen selbst zur Vermehrung verwenden. Die Pfingstrose z.B., die sich im allgemeinen nur ungern verpflanzen läßt, kann man alle sechs bis sieben Jahre so vermehren. Man gräbt die Pflanze im Herbst zusammen mit viel Erde heraus. Dann läßt sich erkennen, daß oberhalb der Knollen schon die Knospen für die nächste Wachstumsperiode sichtbar sind. Man teilt diese Knollenbündel in mehrere Einzelstücke und überzeugt sich davon, daß auch jedes Stück einige Sproßknospen hat. Man pflanzt nicht tiefer als drei bis fünf Zentimeter in fruchtbares,

Dahlie

Zwiebelschuppen

gut drainiertes Erdreich. Die Teilstücke treiben dann rasch aus.
Auch Dahlien kann man auf die gleiche Art vermehren, obwohl hier das Vermehren durch Stecklinge üblicher ist. Die Knollen werden an ihren oberen Enden durch dünne Verbindungsstücke zusammengehalten, die man nicht drehen sollte. Man teilt die Knollenbündel, nachdem man überprüft hat, daß jede Knolle eine Knospe besitzt. Dann pflanzt man die Teilstücke in vorbereitete Beete.
In kälteren Gegenden müssen Dahlien während des Winters herausgenommen werden. Teilung und Auspflanzen werden dann häufig im Frühjahr vorgenommen. Häufig schrumpfen die Knollen während der Lagerung. In diesem Fall bedeckt man sie mit feuchtem Torf oder Sand, bis sie wieder anschwellen. Das erhöht die Erfolgschancen dieser Methode.

Lilien kann man zwar einfach vermehren, aber es erfordert viel Zeit: ihre Entwicklung dauert einige Jahre. Man nennt diese Methode »Vermehrung durch Zwiebelschuppen.«
Die Lilienzwiebel besteht aus einer Anzahl fleischiger, übereinanderliegender Schalen. Diese sind sehr nährstoffreich. An ihrer Basis befindet sich jeweils eine Knospe. Die Knospe ist, wenn auch im Augenblick nicht erkennbar, so doch fast immer vorhanden. Trennt man die zusammenliegenden Schalen einer Lilie voneinander und pflanzt sie in sandige Erde – für gewöhnlich Kompost und Sand zu gleichen Teilen – kann man sie erfolgreich weiterkultivieren. Bevor sie anfangen zu wachsen, sind etwa 18° C notwendig. Sowie aber ihr Wachstum beginnt, kann man sie nach draußen pflanzen. Sie sind zu diesem frühen Zeitpunkt sogar besonders widerstandsfähig und können ziemlich strengen Frost vertragen. Bevor sie zu blühen beginnen, müssen sie jedoch erst einige Jahre wachsen.

Dahlienknollen

1

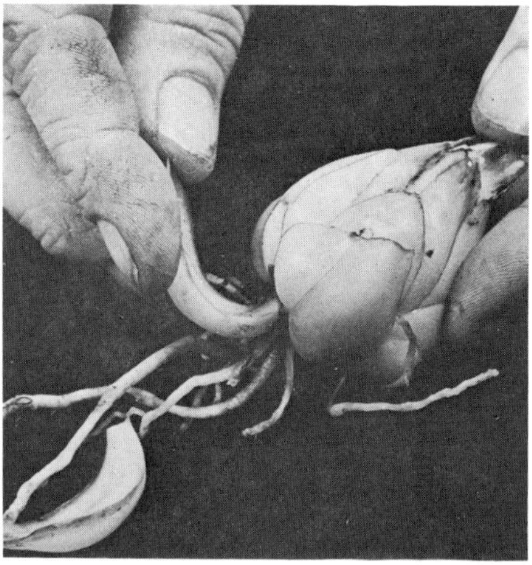

Absenker

1 Die Schuppen werden von der Zwiebel gelöst.
2 Man füllt eine Kiste mit sehr sandigem Kompost, der vorher angefeuchtet und bei einer Temperatur von 18° C gelagert wurde. Dann setzt man die Schuppen mit dem stumpfen Ende nach unten in die Erde, so daß die oberen Teile herausschauen. Beim Umpflanzen sollte man mit großer Sorgfalt vorgehen, um die zarten Wurzeln, die sich an den Schuppen entwickelt haben, nicht zu verletzen.

2

Ebenso wie eine Wurzel Knospen entwickeln und Sprosse treiben kann, die sich weiter vermehren lassen, läßt sich bei einem Trieb, der mit seiner Mutterpflanze noch in Verbindung steht, die Wurzelbildung anregen. Im freien Gelände findet man beispielsweise überall Brombeersträucher, deren Triebspitzen in der Erde festwurzeln. Die zweckmäßigste Methode viele unserer Sträucher und Kletterpflanzen zu vermehren, bezeichnet man – wie bereits zuvor erwähnt – als »Absenken.« Das Prinzip ist einfach: Man nimmt einen gesunden, jungen Seitentrieb und befestigt ihn an einer bestimmten Stelle unter der Erde. Die Triebspitze, die oben herausschaut, wird abgeschnitten. Nach kurzer Zeit bilden sich an dem eingegrabenen Triebstück Wurzeln. Sobald sie sich ausreichend entwickelt haben, kann man das Verbindungsstück zur Mutterpflanze durchschneiden und die Jungpflanze an ihren endgültigen Standort bringen.
Diesen Vorgang kann der Gärtner beschleunigen, wenn er seine pflanzenkundlichen Kenntnisse anwendet. Am Triebstück, das mit Erde bedeckt ist, bilden sich leichter Wurzeln, wenn man auf irgendeine Weise den Trieb leicht beschädigt: Aus diesem Grunde wird bei Absenkern häufig ein Teil der Rinde entfernt. So entsteht eine Wunde, an der sich schneller Wurzeln entwickeln. Bei Absenkern gibt es viele derartige Möglichkeiten: unterirdisches Abbiegen des Triebes, Abschnüren mit Draht, Entfernen ganzer Ringe aus der Rinde (»Ringeln« genannt) oder Einkerben des Triebes auf verschiedene Weise. Dem allen liegt das gleiche Ziel zugrunde: die Verlangsamung des Saftstromes an einem Punkt, an dem die Wurzelbildung in Gang gesetzt werden soll. Man spricht hier auch von einer Saftstockung.
Zweijährige verholzte Triebe eignen sich in den meisten Fällen am besten als Absen-

ker. Sie dürfen zwar keine grüne Rinde mehr haben, aber ebenso dürfen sie nicht steinhart oder sehr alt sein, sonst brauchen die Wurzeln zu lange Zeit zum Durchbrechen.
Die Wurzelbildung kann verschieden lange dauern. Ob nur ein paar Tage oder bis zu einem Jahr – das hängt von der Pflanzenart ab. Auch hier gibt es keine feste Regel. Bodenverhältnisse, Jahreszeit, Pflanzenart und -gesundheit, das alles trägt zur langsamen oder schnellen Bewurzelung bei. Will man nachsehen, ob sich Wurzeln entwickeln, kann man vorsichtig etwas Erde unter dem Absenker wegkratzen. Es ist unwahrscheinlich, daß man dabei Wurzeln beschädigt. In der nebenstehenden Bildserie zeigen wir, wie man von Rhododendron Absenker herstellt. Diese Pflanze ist hierfür besonders gut geeignet, denn die meisten ihrer Zweige wachsen ohnehin nahe am Boden. An der Stelle, wo der Absenker gemacht werden soll, pflege man den Boden sorgfältig. Man darf jedoch bei Rhododendron niemals Kalk verwenden. Rhododendron verlangt einen säurehaltigen Boden.
Der Rhododendron benötigt für diese Bewurzelungsmethode mehrere Monate. Das ist jedoch deshalb unproblematisch, weil man ihm während dieser Zeit keine Beachtung zu schenken braucht. Wenn sich Wurzeln gebildet haben, wird der Absenker von der Mutterpflanze getrennt.

Rhododendron

1 Man wählt einen zwei Jahre alten Trieb aus, der sich nahe am Boden befinden und an seiner Spitze nur gesunde Blätter haben sollte.
2 Man schlitzt die Unterseite des Triebes auf (dort, wo er den Boden berührt), wobei man mit der Klinge auf die Triebspitze zu schneidet. Hier kann ein Universalmesser nützlich sein.
3 Mit einem Streichholz oder einem Steinchen kann man den Schlitz offen halten.
4 Ein kräftiges Hölzchen mit einer Kerbe (= Holzhaken) hält den Trieb fest. Die Erde sollte feinkrümelig und feucht sein.

1

2

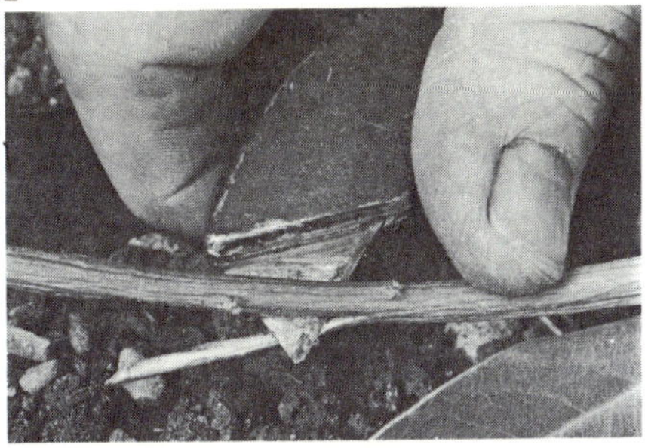

3

4

5 Man häufelt mehrere Zentimeter Erde über den Trieb und drückt ihn fest an.
6 Das Hölzchen muß stark genug sein, um auch bei Wind den Absenker festzuhalten. Für den übrigen Teil des Zweiges ist eventuell eine zusätzliche Stütze erforderlich. Am äußeren Ende entfernt man alle Blätter bis auf zwei oder drei und außerdem noch die Endknospe – die Knospe an der äußersten Spitze des Zweiges.

5

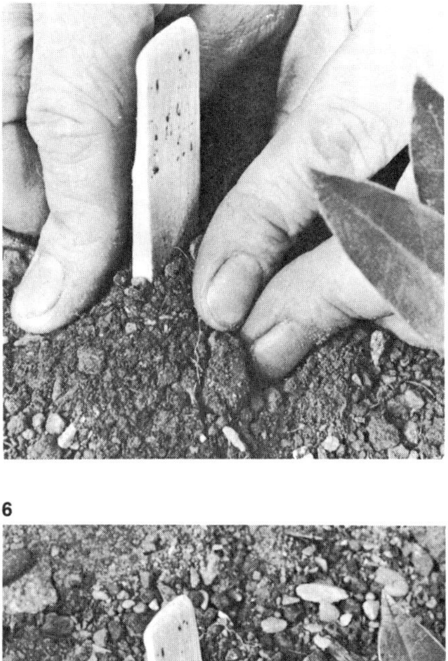

6

Das Herstellen von Absenkern ist eine der erfolgreichsten Vermehrungsmethoden. Die wenigen Mißerfolge stellen sich im allgemeinen dann ein, wenn die kleine Pflanze abgeschnitten und in frischen Boden umgepflanzt wird. Alle Pflanzen erleiden beim Umsetzen eine Wachstumsstockung. Das spielt besonders dann eine Rolle, wenn das Wurzelsystem noch jung und unentwickelt ist. Will man dieses Risiko vermeiden, so »senkt« man den Trieb nicht in den Boden, sondern in einen Blumentopf. Hier gibt es mehrere Möglichkeiten. Wenn der Trieb, wie bei vielen Kletterpflanzen, biegsam ist, ist die Methode einfach. Man füllt Töpfe mit geeigneter Komposterde, legt die Triebe hinein und befestigt sie mit einem Hölzchen oder einer Schnur. Hat man lange, biegsame Triebe zur Verfügung, kann man sogar mit einem Trieb mehrere solche Absenker in Töpfe bringen und die Pflanzenanzahl dadurch stark erhöhen. Die Clematis ist eine der bekanntesten Pflanzen, die man so vermehren kann. Eine Schwierigkeit bei dieser Methode besteht darin, daß die Erde leicht austrocknet. Aus diesem Grunde muß man Absenkern in Töpfen sehr viel mehr Zuwendung schenken als Absenkern im Boden. Den Wasserverlust kann man verringern, indem man die Töpfe wiederum in Erde einsenkt oder sie in nassen Torf packt. Sieht man von diesen kleinen Zusatzarbeiten einmal ab, so läßt sich das Absenken in Töpfe im allgemeinen recht gut bewerkstelligen. Empfindlichere Arten kann man auch in Torftöpfe absenken, was den Pflanzschock erheblich verringert.

1 Man füllt einen 8-cm-Topf mit sandiger Komposterde und macht an der Oberfläche eine fünf Zentimeter tiefe Rinne.
2 Diese Rinne füllt man mit reinem, grobem Sand.
3 Neben der Mutterpflanze senkt man den Topf bis zum Rand in den Boden oder, wenn das nicht günstig erscheint, setzt man das Töpfchen mitsamt der darin befindlichen Erde in einen größeren Topf, den man mit nassem Torf gefüllt hat. So schafft man eine Feuchtigkeitsreserve für den Absenker und trägt zur Verringerung des Wasserverlustes bei.

4 Bei Clematis sollte dieser Absenkerproß mindestens achtzehn Monate alt sein. Andere Pflanzen dagegen reagieren vielleicht besser, wenn man jüngeres Holz absenkt. Dort, wo es in die Erde gebettet wird, schneidet man ein Stück Rinde ab und legt so unter der Oberfläche eine grüne, saftige Schicht frei. Nur an dieser grünen, sogenannten Kambiumschicht können Wurzeln entstehen. Man vergewissert sich, daß sie fest an der Erde aufliegt.

1
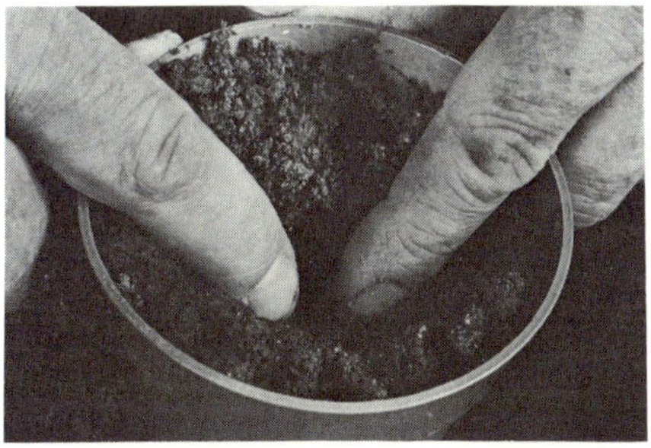

2

3

4
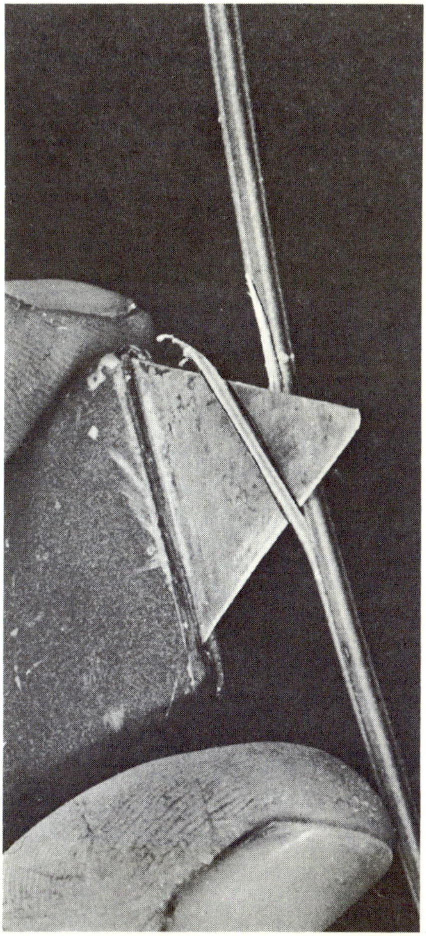

5 Der Sproß wird leicht gekrümmt. Es sollte kein Knick entstehen! Die geschälte Stelle muß an der Außenseite der Krümmung liegen.
6 Man preßt den Sproß in die sandgefüllte Rinne
7 Ein Hölzchen dient der Befestigung. Name und Sorte der Pflanze sind mit wasserfester Tinte deutlich lesbar aufgemalt.
8 Man vergewissere sich, daß der Trieb festgehalten und die Erde gut angedrückt ist. Selbst bei starkem Wind darf er sich auf keinen Fall bewegen.
9 Man verkürzt den Sproß hinter dem ersten oder zweiten Blattpaar. Eine Ausnahme macht natürlich der Sproß, den man mehrmals nacheinander in Töpfe absenkt. Aber ob man nun einen oder mehrere Absenker aus einem Sproß macht, die Sproßspitze muß in jedem Fall entfernt werden.

5

6

7

8

9

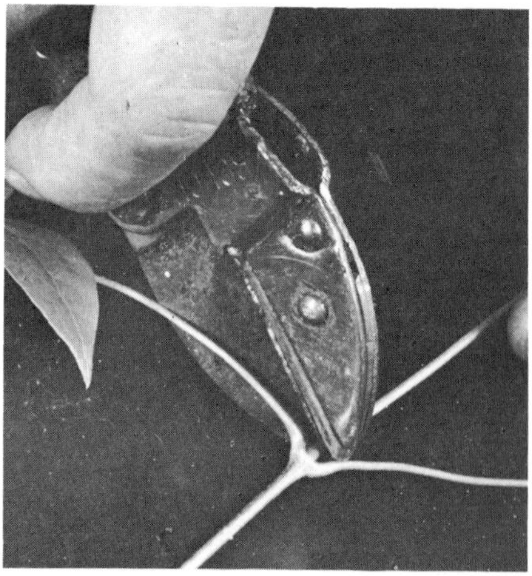

Plastiktöpfe lassen sich sägen oder schneiden und ermöglichen so eine besondere Absenker-Methode.

1 Zunächst macht man auf zwei gegenüberliegenden Seiten des Topfes je zwei Einschnitte im Abstand von 1,5 cm.
2 Die Streifen biegt man nach außen . . .
3 . . . und entfernt sie, so daß zwei Schlitze entstehen.
4 Man befeuchtet Sphagnum-Moos und legt eine Handvoll davon in den Topf.
5 Dann füllt man $^3/_4$ des Topfes mit guter Erde.

1

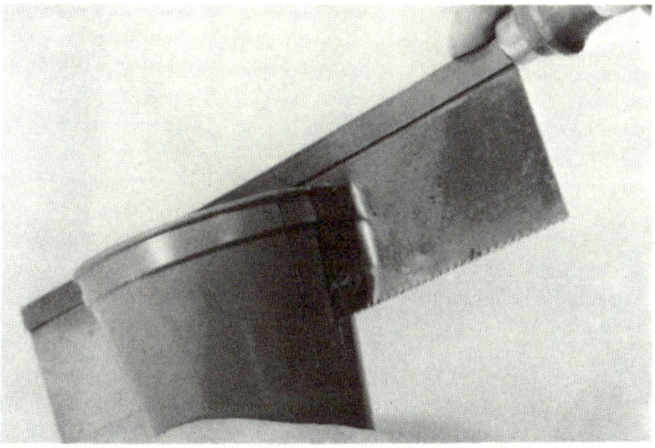

4

2

5

3

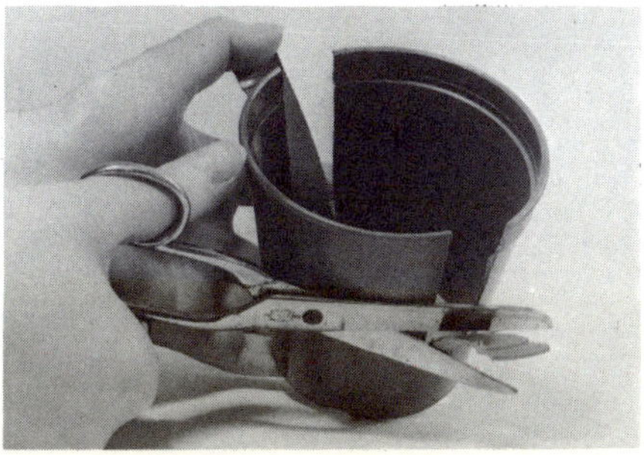

6 Man wählt einen ausgereiften, aber nicht zu stark verholzten Trieb und schlitzt die Rinde etwa 2,5 cm lang auf.
7 Mit einem Hölzchen wird die Rinde abgespreizt.
8 Den Trieb legt man durch die Einschnitte. Die Wunde sollte sich möglichst in der Mitte befinden.
9 Man bedeckt den Trieb mit Erde und legt darauf noch etwas Sphagnumoos.

10 Topf und Pflanze werden fest verschnürt, damit kein Verrutschen möglich ist. Manche Gärtner wickeln auch Plastikfolie um den Topf, damit die Feuchtigkeit erhalten bleibt.
11 Bis zur Bewurzelung setzt man den Topf auf den Boden. Erst dann wird er von der Mutterpflanze getrennt.

6

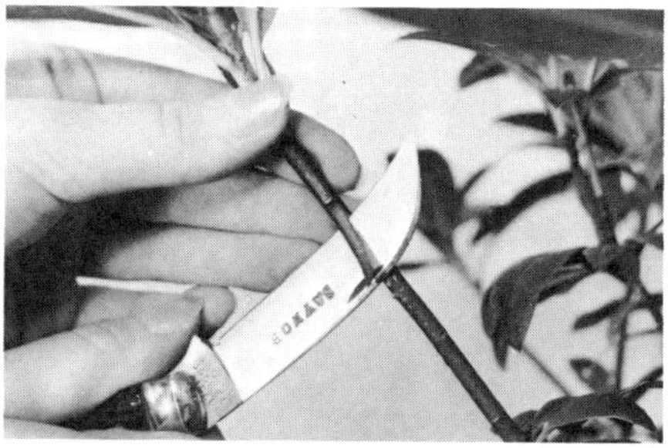

7

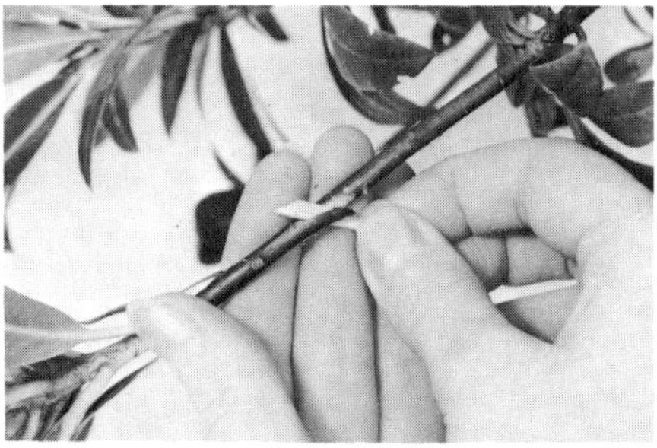

8

9

10

11

Luftableger (Das Abmoosen)

Absenker sind immer dann zu empfehlen, wenn die Pflanze Triebe hat, die man auch wirklich bis zur Bodenoberfläche herabziehen kann. Es gibt aber viele Bäume und Sträucher, wo das nahezu unmöglich ist. In solchen Fällen kann man eine Spezialmethode praktizieren: Das Abmoosen. Das Prinzip besteht darin, daß man hier genau wie bei normalen Absenkern den Trieb verwundet. Anstatt ihn in die Erde einzugraben, wickelt man jedoch eine Handvoll feuchtes Sapagnumoos um den Trieb und befestigt es mit einer Schnur. Dieses Bündel wird dann mit Plastikfolie bedeckt, um ein Austrocknen zu verhindern.
Ob eine Bewurzelung stattgefunden hat, läßt sich leicht feststellen. Entweder man sieht durch die Folie, daß sich Wurzeln entwickeln, oder man öffnet das Bündelchen vorsichtig, um nachzusehen, ob Wurzeln hineingewachsen sind. (Bis zur Bewurzelung vergehen mehrere Monate oder sogar ein Jahr. Das ist aber kein echter Nachteil, weil es während dieser Zeit keiner weiteren Pflege bedarf.) Zuletzt trennt man den unteren Teil des Triebes durch und topft die neue Pflanze mit ihren sich entwickelnden Wurzeln ein.
Die Methode wird bei Pflanzen wie der Magnolie und dem Gummibaum erfolgreich angewendet.

1 Bei Magnolien und vielen anderen Gehölzen entspricht die Triebdicke beim Abmoosen etwa dem Durchmesser eines Bleistifts. Der Trieb sollte auf keinen Fall aus dem frischen Grün junger Zweige entnommen, andererseits aber auch nicht mit alter, harter Rinde bedeckt sein. Die geeignetsten Zweige sind etwa zwei bis drei Jahre alt.
2 Auf dem Trieb befinden sich eine Anzahl schlafender Knospen. Zwischen einem beliebibigen Knospenpaar schlitzt man den Trieb auf und zieht das Messer bis hinter die Knospe durch.

3 Durch eine leichte Drehung des Messers öffnet sich der Spalt. Um ihn offen zu halten, setzt man einen Stein oder Holzsplitter hinein.
4 Bei schwer vermehrbaren Pflanzen verwendet man für die Wurzelbildung Hormone. Man bekommt sie flüssig oder in Pulverform. – Den Spalt einfach innen und außen bepinseln!
5 Anstatt den Trieb aufzuschlitzen, kann man auch einen Rindenstreifen von einem halben Zentimeter Breite entfernen. Dabei sollte man nicht tiefer als bis zur grünen Kambiumschicht einschneiden!
6 An dieser Schicht bleibt das Hormonpulver leicht hängen.

1

2

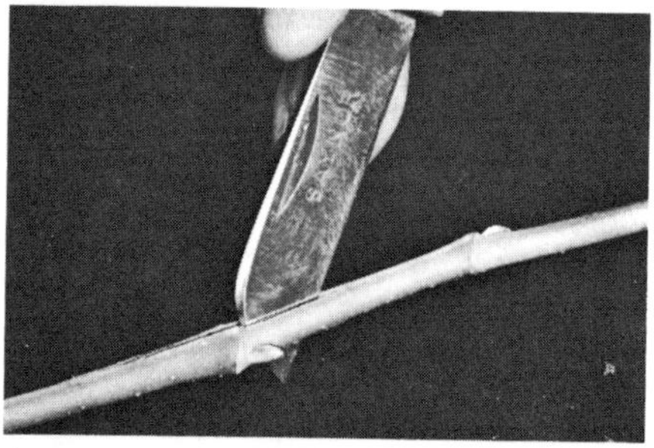

3

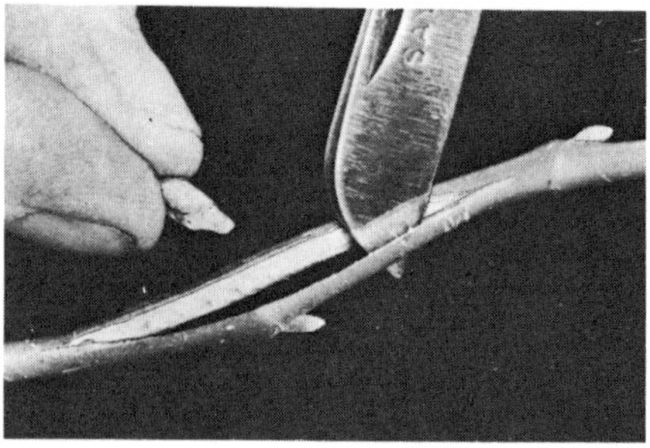

4

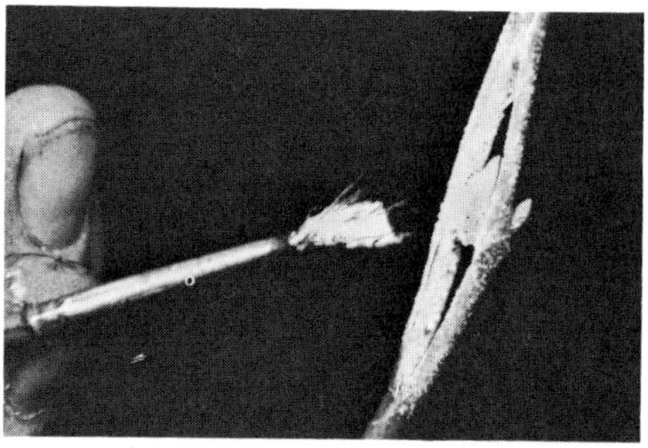

5

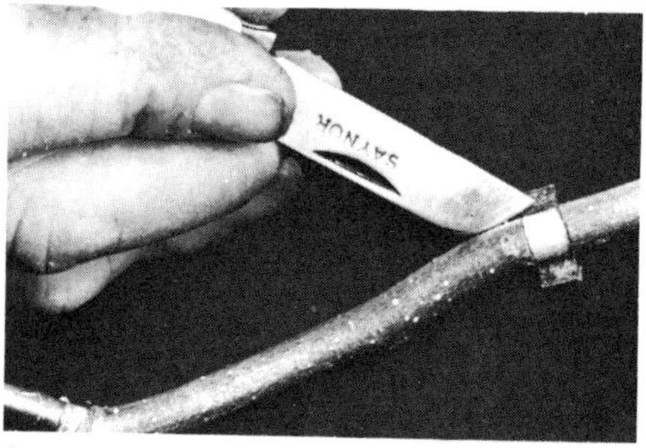

6

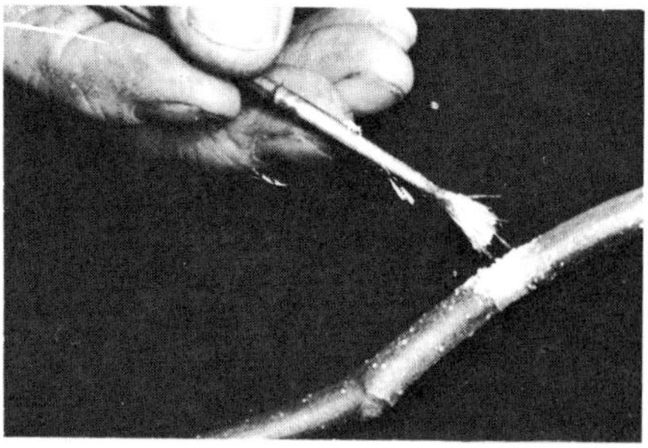

7 Sphagnum-Moos kann man im allgemeinen in der freien Natur finden. Es genügt aber auch jedes andere Moos. Wichtig ist nur, daß es wie ein Schwamm Wasser aufsaugt. Man nimmt einfach eine Handvoll Moos und umgibt damit den Trieb an der Stelle, an der man ihn verwundet hat.
8 Das Moos wird mit einer lockeren Bastumwicklung befestigt. Der Durchmesser der Mooshülle sollte danach etwa zwei bis drei Zentimeter betragen.
9 Ein zwanzig Zentimeter langer Streifen Folie, der vier Zentimeter breiter ist als das Moosbündel, wird gleichmäßig herumgewickelt.

10 Die Enden bindet man mit Bast oder Klebeband fest zu. So verhindert man ein Entweichen der Feuchtigkeit und erhält innerhalb der Folie eine feuchte Atmosphäre, die das Wurzelwachstum anregt. Man kürzt den Trieb zur Spitze hin bis auf zwei oder drei Blätter. Dabei überzeuge man sich, daß man zumindest die wachsende Knospe entfernt hat.
11 Wenn sich die Wurzeln einmal gebildet haben, kann man sie durch die Folie erkennen. Unterhalb dieser Stelle schneidet man den Luftableger ab und setzt die neue Pflanze in einen kleinen Topf.

7

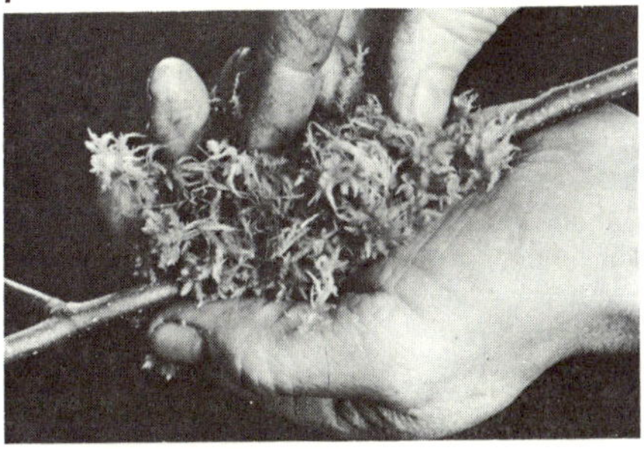

8

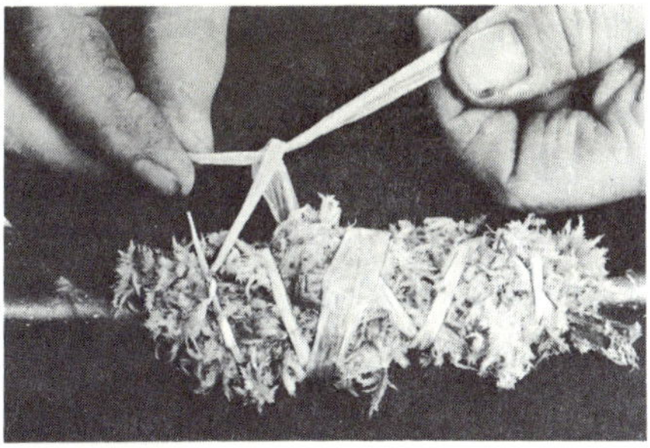

9

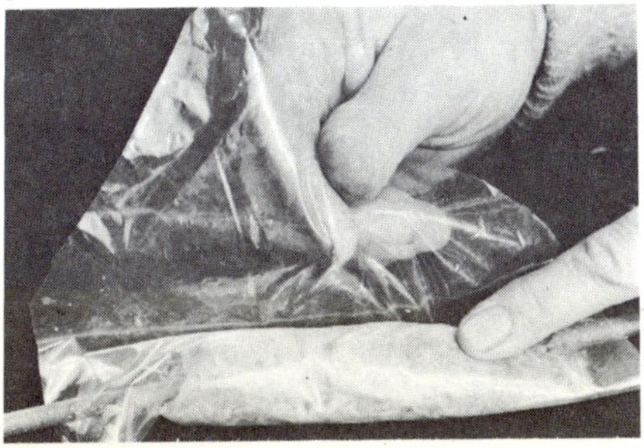

10

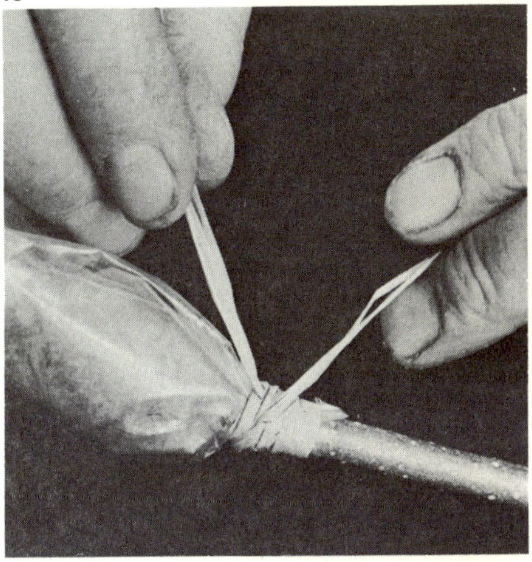

11

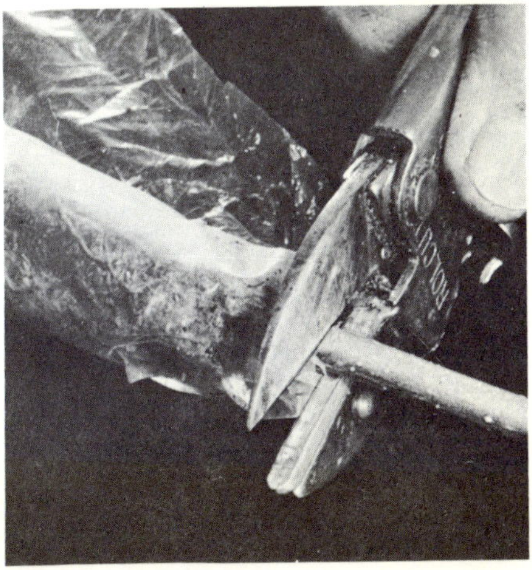

Vermehrung durch Stecklinge

Allgemeines

Im Abschnitt über Wurzelschnittlinge wurde dargelegt, wie ein eingepflanzter Teil einer Wurzel zu neuer Knospen- und Sproßbildung angeregt werden kann.
Bei Stecklingen spielt sich genau der gegenteilige Vorgang ab: Man nimmt einen unbewurzelten Schößling und pflanzt ihn ein. Dadurch wird die Wurzelbildung in Gang gesetzt.
Neben der Samenvermehrung ist die Stecklingsvermehrung wohl die verbreitetste. Es gibt tatsächlich wenige Pflanzen, die auf diese Art nicht vermehrt werden können – allerdings pflanzen sich nicht alle gleich gut fort. Manche verlangen eine warme Umgebung, wie man sie gewöhnlich nur in Gewächshäusern findet. Dennoch können die meisten unserer winterharten Gehölze und Freilandpflanzen durch Stecklinge vermehrt werden. Besonders Rosen kann man auf diese Weise gut weiterziehen.
Verglichen mit dem Absenker muß der Steckling eine viel schwierigere Wachstumszeit durchstehen. Ein Absenker behält die Verbindung zur Mutterpflanze und kann von ihr Wasser und Nahrung beziehen, bis sich seine eigenen Wurzeln und Blätter voll entfaltet haben. Der Steckling hingegen lebt ausschließlich von der Nahrung, die noch in Sproß und Blättern enthalten ist. Für seine Wasser- und Nahrungsaufnahme ist es wichtig, daß er rasch ausreichend Wurzeln bildet, bevor sich sein ursprünglicher Nahrungsvorrat erschöpft hat.
Aus diesem Grund muß man eine rasche Bewurzelung fördern und den Wasserverlust vermindern.
Wenn man beobachtet, wie abgeschnittene Blumen ihre Knospen öffnen, so wird es offenbar, daß eine Pflanze sehr wohl noch wachsen kann, wenn man sie von ihren Wurzeln getrennt hat. Blüten öffnen sich und Blätter entfalten sich, aber es bilden

sich im allgemeinen keine Wurzeln. Das ist zum Teil deswegen der Fall, weil man die Blumen für diesen Zweck meist nicht lange genug im Wasser stehen läßt. Außerdem neigt der blühende Sproß vor allem dazu, seine Bemühungen auf die Entwicklung von Blüte und Samenanlage zu konzentrieren. Dies hindert ihn dann, Nahrung für das Wurzelwachstum an seiner Basis zur Verfügung zu stellen, so daß man Pflanzen zu diesem Zeitpunkt am besten überhaupt nicht vermehrt.
Anders ist es, wenn man einen Sproß ins Wasser stellt, von dem man entweder die Blüte entfernt oder an dem sich keine entwickelt hat. Dann entstehen oft Wurzeln. Besonders Rosen kann man häufig so zur Bewurzelung bringen. Man schneidet einfach Triebe ab und stellt sie an einem hellen, aber nicht sonnigen Ort in Wasser. So ist klar zu erkennen, wie die Wurzeln wachsen. Später topft man die Triebe ein. Im Wasser gewachsene Wurzeln sind jedoch viel anfälliger als die, die sich in normaler Erde entwickelt haben. Wenn die im Wasser bewurzelte Pflanze zum Weiterwachsen in Komposterde oder in normalen Boden überwechseln muß, treten häufig Verluste auf. Bei Rosenstecklingen, die sich, wie hier dargestellt, leicht bewurzeln, ist es besser, sie gleich am Anfang in sandige Komposterde oder direkt in den Boden zu setzen.
Beim Bewurzeln von Stecklingen in Wasser, ist es interessant zu beobachten, daß die ersten Wurzeln fast immer unter einem Blattknoten austreiben. Die Ursache dieser Erscheinung ist folgende: An den Blattknoten, an denen die Blätter austreiben oder abfallen, erzeugt die Pflanze Hormone, die die Wurzelbildung fördern. Ihre maximale Wirkung in einem Sproß oder Trieb scheint zwei Millimeter unter jedem Blattansatz zu liegen. Beim Stecklingsschneiden ist deshalb anzuraten, das untere Ende zwei Millimeter unterhalb eines Blattansatzes zu schneiden. Dies ist zwar nicht absolut allgemeingültig, wird aber als gute Regel angesehen. Bei einigen Pflanzen, wie z.B. der Clematis, schneidet man die Stecklinge in der Mitte zwischen zwei Blattansätzen.
Die Wurzelentwicklung geht beim Steckling in zwei Phasen vor sich: Als erstes bildet sich an der Schnittstelle ein korkartiger Kallus. Dieser verdickt sich manchmal bis zur Größe eines Knopfes.
Als zweites sieht man, wie sich Wurzeln entwickeln, die den Kallus durchstoßen und im Weiterwachsen ein völlig neues Wurzelsystem bilden.
Da sich nun alle neuen Wurzeln an der grünen, saftigen Kambiumschicht bilden, ist es üblich, diese vorher so weit wie möglich freizulegen. Um das zu erreichen, schält man einen Streifen Rinde weg oder man »reißt« den Steckling (»Rißling«) vom ursprünglichen Trieb ab. Dabei verbleibt am Rißling ein kleiner Rest Rinde. Diese viel größere Fläche an Kambium gibt dem Rißling Gelegenheit, sich rasch und kräftig zu bewurzeln.
Die Größe der Rißlinge variiert stark. Bei vielen Heidekrautarten und Steingartenpflanzen beträgt sie nur drei, bei kräftigen Gehölzen bis zu dreißig Zentimeter. In der Regel lassen sich kleinere Stecklinge leichter bewurzeln als große, vorausgesetzt, daß Trieb und Blätter immer noch genug Nahrungsstoffe enthalten. Bis zum Beginn der Bewurzelung muß die Pflanze davon leben können. Dies bringt allerdings Probleme mit sich; da nämlich die wachsende Pflanze zur Nahrungsversorgung noch einige Blätter behalten muß, gibt sie auch fortwährend Wasser ab. Weil der Rißling aber ohne Wurzeln keines aufnehmen kann, stirbt er möglicherweise ab.
Um dies zu verhindern, kann man einige oder alle Blätter abschneiden und den Ver-

dunstungsverlust auf diese Weise verringern. Dies ist eine kostensparende Methode für das Freiland, wo ein luftdichter Abschluß für die Pflanze nicht durchführbar ist. An Rißlingen, die im Sommer im Freiland gemacht werden, können einige Blätter verbleiben. Später im Jahr vermehrt man winterharte Gehölze durch blattlose Stecklinge. Da hier keine Blätter in Erscheinung treten, ist der Verdunstungsverlust praktisch gleich Null. Man drückt sie einfach in Gräben, die man vorher angelegt hat, fest an und überläßt sie sich selbst. Während der Winterszeit bildet sich ein Kallus und man kann erwarten, daß im Frühjahr neue Wurzeln entstehen. Wenn man dagegen Töpfe verwendet, kann man auch mehr Blätter am Steckling lassen und die ganze Pflanze in einen Plastikbeutel einschließen, den man über eine Drahtschlinge stülpt. Die Luft im Beutel wird rasch mit der Feuchtigkeit gesättigt, die von der Pflanze verdunstet wird. Das Wasser gelangt in die Erde und wird dort wieder von der Pflanze aufgenommen. So entsteht ein kontinuierlicher Wasserkreislauf: Der Sproß saugt Wasser auf, die Blätter geben es an die Luft weiter, es kondensiert an der Folie und rinnt in die Erde zurück, um von dort wieder aufgenommen zu werden. Es ist erstaunlich, daß Pflanzen Monate, ja sogar Jahre in solchen abgedichteten Behältnissen leben können, obwohl sie immer wieder die gleiche Luft und das gleiche Wasser aufnehmen.
Diese Methode ist sehr zu empfehlen. Stecklinge, die auf diese Art durch Folie geschützt sind, brauchen praktisch keinerlei Pflege. Man stellt sie einfach an einen hellen Platz, ohne sie direkt der Sonne auszusetzen; denn bei voller Sonneneinstrahlung steigt die Temperatur im Beutel plötzlich so stark an, daß die Pflanze rettungslos verloren ist. Der Gärtner teilt die Stecklinge in drei Gruppen ein: krautige Stecklinge, holzige Stecklinge des Frühjahrs oder Frühsommers und holzige Stecklinge des Herbstes.

- Krautige Stecklinge werden aus frischen, jungen Trieben geschnitten, haben grüne, fleischige Stengel und benötigen im allgemeinen Schutz und Wärme.
- Holzige Stecklinge des Frühjahrs stammen von Trieben, die noch nicht ganz ausgereift sind, aber schon Rinde entwickeln. Man zieht sie draußen im Freien, allerdings häufig auch geschützt im Frühbeet.
- Holzige Stecklinge des Herbstes bestehen aus ausgereiften Trieben, die ganz von Rinde umgeben sind. Es sind die erwähnten blattlosen Stecklinge. Die Anzucht geschieht im Freiland.

Da der Freilandsteckling weniger der Vorbereitung und Beachtung bedarf als andere Stecklinge, beginnen wir zunächst mit der Erläuterung dieser Methode. Als Beispiel wählen wir die Rose. Wie zuvor bereits ausgeführt, veredelt man erwerbsmäßig wilde Rosen mit modernen Buschrosen. Nur Triebe und Blüten bestehen also aus der eigentlichen Kultursorte. Die Wurzeln und der »Zapfen« direkt über der Bodenoberfläche gehören zur ursprünglichen Wildsorte. Von solchen Rosen macht man Stecklinge, indem man ihre oberen Triebe verwendet. Die meisten Rosen kann man dann gut weiterziehen, sie bilden kräftige, lebensfähige Wurzeln.
Die Erfolgsquote bei Rosenstecklingen liegt ziemlich hoch. Wie wir gesehen haben, kann man sie auch in reinem Wasser zur Bewurzelung bringen. Sie benötigen jedoch zwei bis drei Jahre, um groß zu werden. Die gleiche Größe erreicht eine veredelte Rose ungefähr nach nur achtzehn Monaten. Auch Kletter- und Strauchrosen lassen sich leicht aus Stecklingen ziehen. Viele von ihnen werden im übrigen überhaupt nicht veredelt.

Herbststecklinge (Rißlinge bei Rosen)

Man versuche nicht, Rosen-Rißlinge vor dem nachfolgenden Herbst zu verpflanzen. Es hat nichts zu sagen, wenn sie schon vorher gut bewurzelt sind. Im Herbst kann man sie dann entweder ein weiteres Jahr auf ein Baumschulbeet pflanzen oder sie unmittelbar dorthin setzen, wo sie blühen sollen.

Mit Rißlingen kann man eine große Anzahl von Bäumen und Sträuchern vermehren. Da ihre Blätter im Winter abfallen, bezeichnet man sie häufig als »blattlose Rißlinge«, obwohl sie beim Schneiden zunächst noch Blätter besitzen.

1 Man beginnt mit einem Trieb, der an der Spitze eine Blüte hervorgebracht hat und eine feste, ausgereifte Rinde besitzt. Blüte und Blätter unmittelbar darunter werden abgeschnitten. Dann reißt man den Trieb genau an der Basis, wo er mit dem Haupttrieb in Verbindung steht, ab. Dabei verbleibt am Rißling ein Stück des Haupttriebes. Zweck dieser Arbeit ist es, eine große Fläche Kambium freizulegen, die man später fest in den Boden drückt.

1

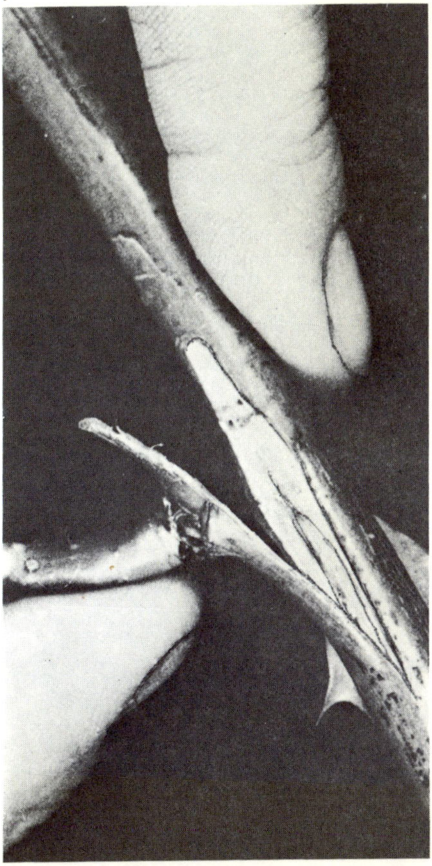

2 Der lange »Schwanz« wird bis auf etwa fünf Zentimeter eingekürzt.
3 Rißlinge sind bei Rosen etwa 22 bis 30 Zentimeter lang. Genau über einem Blatt wird abgeschnitten; schließlich werden die Blätter bis auf die zwei obersten entfernt.

4 So sieht der fertige Rißling aus. Es ist unbedingt darauf zu achten, daß man nicht die winzigen Knospen (Augen), die man in jeder Blattachsel findet, beschädigt. Aus den Augen entstehen nämlich die neuen Triebe.

2

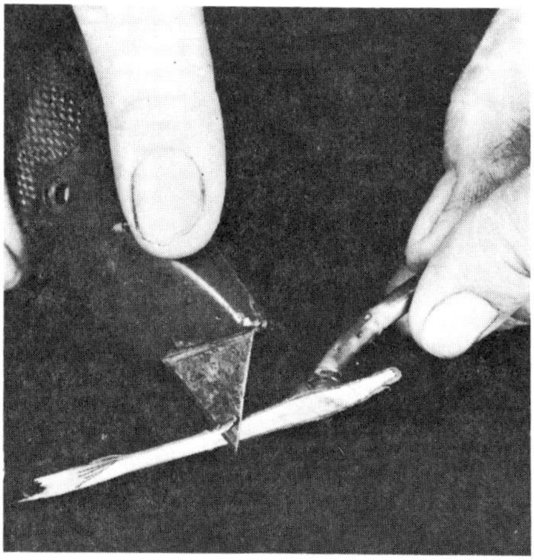

3

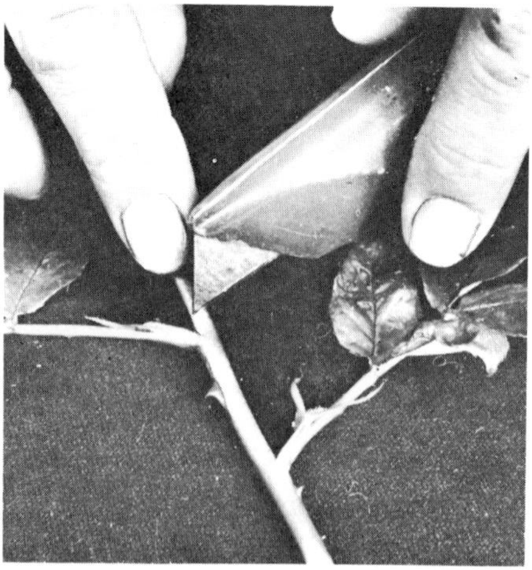

4

5 Man kann Wurzelhormone verwenden. Die Erfolgsrate ist aber auch ohne deren Anwendung hoch.

6 Als nächstes wählt man draußen eine geschützte Stelle mit tiefem, nährstoffreichem Boden. Dort zieht man einen etwa 20 cm tiefen, im Querschnitt ungleichmäßigen Graben; d. h. eine Seite wird schräg und relativ flach, die andere senkrecht abgestochen. Der Boden sollte gut drainiert sein. In sehr nassem Boden schlagen die Rosen nicht gerne Wurzeln.

7 Um sicher zu gehen, bringt man auf dem Grund des Grabens eine fünf Zentimeter dicke Dränageschicht aus reinem, grobem Sand auf. Dort hinein drückt man die unteren Enden der Rißlinge.

5

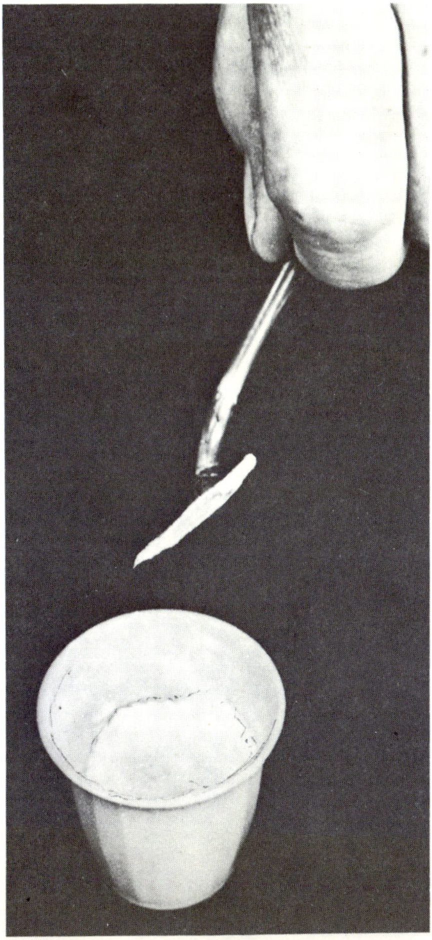

6

7

8 Man lehnt die Rißlinge an die steile Wand des Grabens. Dabei bleiben die Blätter genau über der Bodenoberfläche.
9 Beim Füllen des Grabens werden die Rißlinge etwa zur Hälfte ihrer Länge mit Erde bedeckt. Danach fest andrücken! Das muß man auch im Winter wiederholen, wenn der Frost den Boden dehnt und hebt. Wind schadet den Rißlingen nicht. Bei Winterbeginn fallen gelegentlich die Blätter ab. Das ist aber ein natürlicher Vorgang, der die Bewurzelung nicht verzögert. Während der Wintermonate bildet sich an der Schnittstelle ein Kallus und im darauffolgenden Frühjahr setzt die Bewurzelung ein.

8

9

Die selbstgezogene Hecke aus Rißlingen

Bei vielen Sträuchern geschieht die Anzucht auf die gleiche Art wie bei Rosen, und da man für Hecken mehrere Einzelpflanzen einer bestimmten Sorte braucht, lohnt sich die Anzucht. Die Ligusterhecke ist zwar nicht die beliebteste aller Hecken (außer der buntlaubigen Form); an ihr läßt sich jedoch demonstrieren, mit welcher Geschwindigkeit Vermehrung vor sich gehen kann.
Wenn man die hier aufgeführte Schnellmethode anwendet, kann man in einer Stunde Hunderte von Rißlingen machen, die bis zum Zeitpunkt des Auspflanzens wenig Zuwendung verlangen. Die Vermehrungszeit ist der Herbst oder Winter.
Bei diesen einfachen Rißlingen sind zwar Ausfälle möglich, aber für eine Hecke wird dennoch genügend Pflanzmaterial übrig bleiben. Die Blätter fallen, besonders bei Arten, die winterhart aber nicht immergrün sind, bald nach der Pflanzung ab.

1 Man nimmt diesjährige Triebe von gesunden Sträuchern.

1

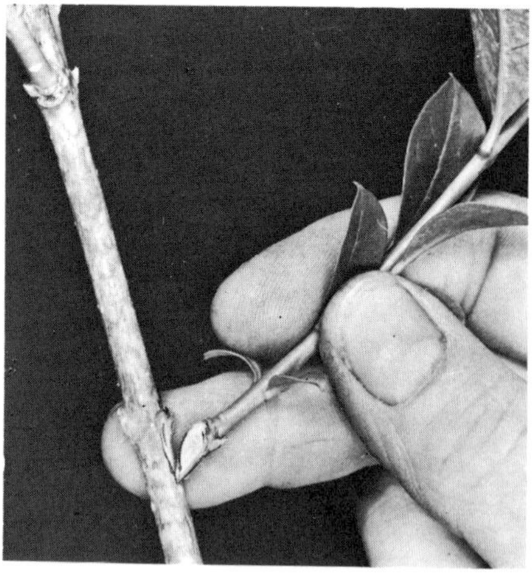

2 Die langen »Schwänze« schneidet man ab.
3 Man entfernt die krautige Spitze. (Man kann sie auch mit den Fingern abzwicken.)
4 Nun werden die Blätter, bis auf die zwei oberen Paare, mit einem Ruck abgestreift.

5 So erhält man innerhalb weniger Sekunden einen Rißling, den man genau wie einen Rosenrißling pflanzt. Wenn man ihn nicht gerade in schweren Tonboden setzt, erübrigt sich eine Dränageschicht aus Sand.

2

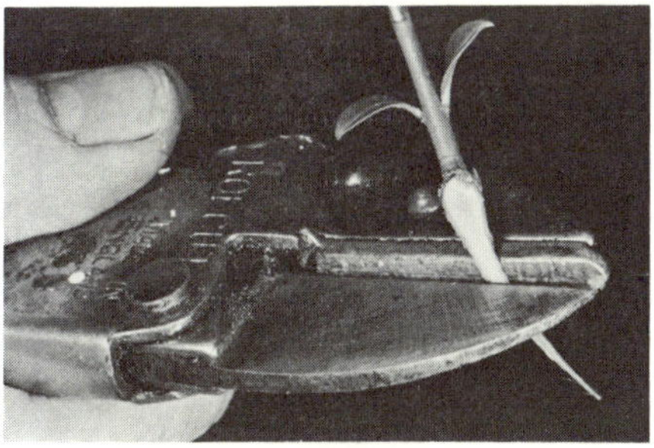

3

4

5

Frühjahrsstecklinge

Diese Art von Stecklingen verliert ihre Blätter nicht so schnell. Wir wenden uns hier der beliebtesten Vermehrungsmethode für unsere Gartensträucher zu. Diese holzigen Stecklinge des Frühjahrs oder Frühsommers, die man in kleine, gut drainierte Töpfe setzt, bewurzeln sich sehr rasch.
Die Liste der Pflanzen, die man auf diese Weise vermehren kann, ist lang und enthält die meisten der beliebten blühenden Gehölze, die es in unseren Gärten gibt, ganz zu schweigen von Heidekrautarten, Alpenpflanzen und vielen Sträuchern des Steingartens.
Wenn man die sehr unterschiedlichen Wuchsformen dieser Pflanzen in Betracht zieht, ist es klar, daß auch die Stecklingsgröße variiert. Es gibt keine feste Regel, für die Länge eines Stecklings. Eine Länge, die etwa vier Blattknoten umfaßt, dient bei vielen als Richtschnur. Man kann natürlich trotzdem einen Rißling herstellen, wie es im vorigen Abschnitt beschrieben wird.
Ein Nachteil besteht jedoch darin, daß sich aus *einem* Trieb, wie lang er auch sein mag, nur *ein* Rißling herstellen läßt.
Da der Trieb eines wachsenden Strauches mehrere Dutzend Zentimeter lang sein kann, würde man viel Material vergeuden. Stattdessen kann man einen einzigen Ast in zehn oder vielleicht noch mehr Einzelstücke zerschneiden. Man stellt die Teilstücke her, indem man einfach jedesmal unter einem Blattansatz abschneidet.
Den Gehölzschnitt im Sommer kann man häufig mit dem Schneiden der Stecklinge kombinieren, da die meisten Blütensträucher gleich nach der Blüte geschnitten werden. Die ersten Frühjahrsblüher schneidet man schon im späten Frühjahr. Ihre abgeschnittenen Triebe kann man sofort als Stecklinge benutzen. Später im Jahr blühende Sträucher haben schon im vorangegangenen Winter einen Schnitt erhalten und liefern deswegen weniger Stecklinge.

Deutzie

Hier ist man besser beraten, wenn man mit dem Stecklingsschnitt bis zum Spätsommer wartet.
Auf den folgenden Bildern ist – am Beispiel der Deutzie – die Stecklingsanzucht in Töpfen zu sehen. Diese Töpfe kann man draußen an ein sonniges Fenster oder in einen behelfsmäßigen Kasten stellen.
Für viele Stecklinge von Sträuchern ist bei Beginn des Wachstums ein Kasten ideal. Einen behelfsmäßigen Kasten baut man so: Man legt einige Ziegelsteine oder Holzlatten in Form eines Rechteckes aneinander und bedeckt sie mit einer Glasscheibe oder mit einem Stück Folie, das man über einen Holzrahmen gespannt hat.
In jedem Fall ist gute Belüftung erforderlich, und die Erde in den Töpfen muß gleichmäßig feucht gehalten werden. Die meisten Stecklinge braucht man weder häufig noch reichlich zu gießen.
Die wenigen verbleibenden Blätter verdunsten nicht viel Wasser. An ihren Wurzeln möchten die aus Stecklingen herangewachsenen Jungpflanzen jedoch gleichmäßige, anhaltende Feuchtigkeit. Packt man um die Töpfe herum Torf, so bleibt die Erde länger feucht. Kleine Töpfe trocknen im übrigen schneller aus als große. Deshalb steckt man in einen großen Topf mehrere Stecklinge bzw. Jungpflanzen an den Rand, anstatt nur ein Exemplar in die Mitte zu setzen.

1 Die langen, schlanken Triebe der Deutzie ergeben jeweils mehrere Stecklinge. Viele Gärtner wählen lieber Triebe aus, die nicht geblüht haben. Das ist aber nicht Bedingung.
2 Man macht zunächst einen einfachen Rißling, wie es auf den vorangehenden Seiten gezeigt wurde.

3 Den restlichen Trieb schneidet man in Stücke mit je vier Blättern. Dabei wird jeder Schnitt zwei Millimeter unterhalb der »Knoten« vorgenommen.
4 Die unteren Blattpaare schneidet man weg, ohne dabei die kleinen Knospen in den Blattachseln zu beschädigen.

1

2

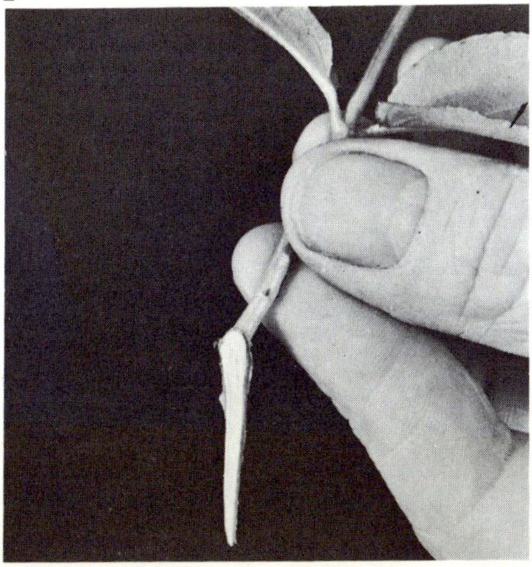

3

4

5 So sehen nun die Stecklinge aus: Die überflüssige Triebspitze ist genau oberhalb des oberen Blattpaares entfernt worden.
6 Wurzelhormone kann man verwenden. Die feuchte Stecklingsbasis wird einfach in das Pulver getaucht.
7 Man füllt einen großen Topf mit Komposterde, die viel Sand enthalten muß. Die Stecklinge setzt man ringförmig an den Topfrand. Sie stehen so weit voneinander entfernt, daß die Blätter einander nicht berühren. Die meisten Stecklinge bewurzeln sich am besten, wenn man sie an den Rand des Topfes setzt anstatt in die Mitte; denn die Luftzufuhr ist bei den porösen Tontöpfen am Rande wesentlich höher, als in der Mitte, in der feuchten Erde.
8 Bei den meisten Pflanzen beläßt man dem Steckling mehrere Blätter, und schneidet ihn unter einem Blattknoten von der Mutterpflanze. U. a. macht die Clematis hier eine Ausnahme. Die Stecklinge dieser schönen Pflanze werden in der Mitte zwischen den Blattansätzen geschnitten. Außerdem braucht nur ein Blattpaar übrig gelassen zu werden. Dadurch erhöht sich natürlich die Anzahl der Stecklinge, die man von einer Pflanze erhalten kann.

5

6

7

8

9 Um einen größeren Teil der Kambiumschicht freizulegen, schält man an der Basis einen dünnen, fünf Zentimeter langen Streifen Rinde ab.
10 Will man eine maximale Anzahl Stecklinge erhalten, kann man auch den Trieb mit einer Rasierklinge in der Mitte aufschlitzen. So erhält man zwei Stecklingshälften mit je einem Blatt.
11 Diese Teilstecklinge werden dann – wie oben beschrieben – am Topfrand gepflanzt. Die Blätter müssen nach außen zeigen und die Knospen genau über der Erdoberfläche liegen. Hortensie.

9

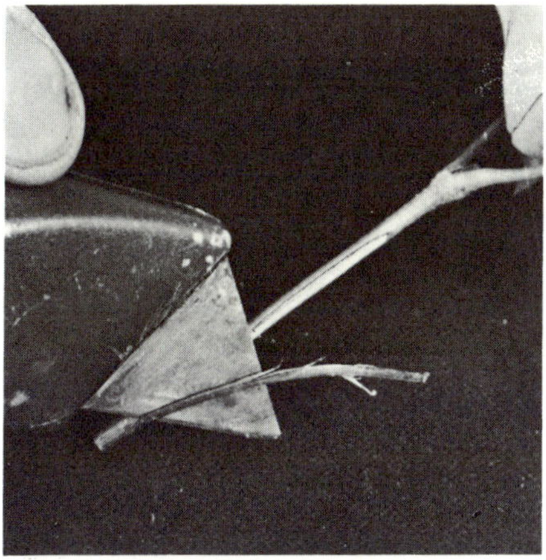

10

11

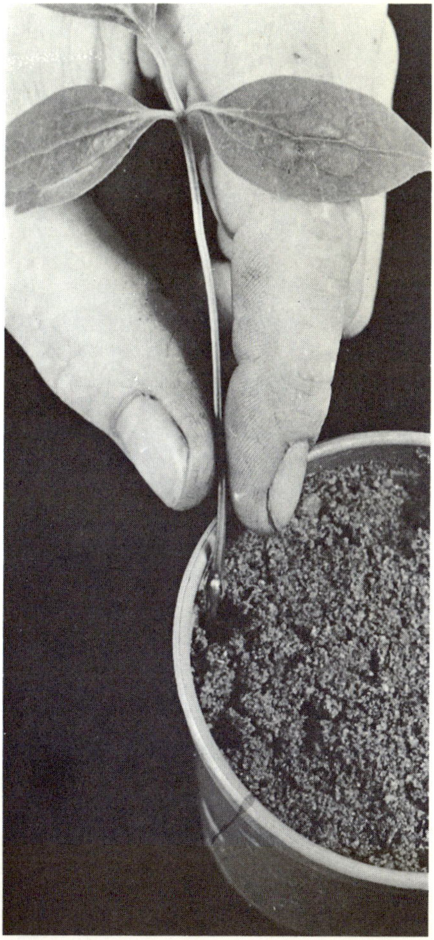

Krautige Stecklinge

Die beschriebenen holzigen Herbststecklinge (Rißlinge) können zum Ausreifen mehrere Jahre benötigen. Die holzigen Frühjahrsstecklinge brauchen weniger Zeit. Am schnellsten bewurzeln sich jedoch die krautigen Stecklinge. Nach zwei bis drei Wochen sind sie zum Auspflanzen bereit.

Auf diese Art vermehrt man viele Zimmerpflanzen. Ein typisches Beispiel ist die Hortensie. Sie kann in klimatisch günstigen Gegenden auch draußen im Garten gezogen werden. Große Exemplare liefern so viele Stecklinge, daß man seinen Hortensienbestand in kurzer Zeit erheblich vergrößern kann. Auf die gleiche Weise

Hortensie

lassen sich auch eine Anzahl anderer beliebter ausdauernder Pflanzen vermehren, wie z.B. Dahlien, Rittersporn, Astern usw. Vor allem bei krautigen Stecklingen ist es wichtig, totalen Wassermangel zu vermeiden. Andernfalls lassen sie die Blätter hängen und sterben ab, bevor sie Zeit zur Wurzelbildung hatten. Deshalb hält man sie in einer möglichst feucht-warmen Umgebung. Das beschleunigt das Wachstum und vermindert den Verdunstungsverlust. Allerdings fördern genau diese Bedingungen u.U. auch das Wachstum verschiedener Arten von Fäulnispilzen, die die Blätter angreifen und faulen lassen. Um hierbei kein größeres Risiko einzugehen, verwendet man in den Töpfen am besten sterilisierte Erde aus dem Handel. Man bekommt für diesen Zweck im Großhandel auch »Füllsubstrat« (Füllmaterial) angeboten, das z.B. aus Vermikulit entwickelt sein kann und hierfür besonders gut geeignet ist.

Die Jahreszeit für den Schnitt krautiger Stecklinge ist im allgemeinen das Frühjahr, aber auch das ist nicht als feste Regel anzusehen. Wenn Stecklingsmaterial verfügbar ist und die Licht- und Temperaturverhältnisse den Ansprüchen der Pflanze genügen, ist die Vermehrung auch zu jeder anderen Zeit möglich. Viele Zimmerpflanzen lassen sich tatsächlich das ganze Jahr hindurch vermehren.

1 Bei der Hortensie wählt man einen diesjährigen Trieb, der noch nicht geblüht hat, aber mindestens drei Millimeter dick und ziemlich fest ist. Man bricht ihn sorgfältig unten ab.

2 Für die Bearbeitung des unteren Randes benutzt man ein scharfes Messer. Wichtig ist, daß der Trieb an dieser Stelle nicht gequetscht wird. Dieser Steckling wird genau unter einem Blattanatz geschnitten, was aber speziell bei der Hortensie nicht wichtig ist. Viele Gärtner benützen auch Stecklinge, die zwischen den Blattknoten geschnitten wurden. Man kann hier also nach Gutdünken verfahren.

1

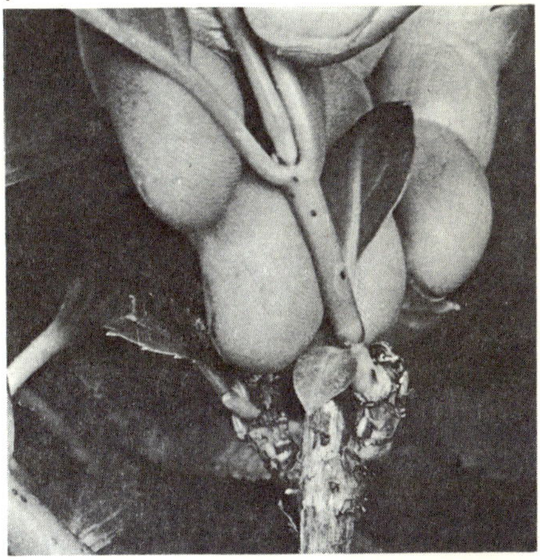

2

3 Die unteren Blätter schneidet man ab und läßt nur die obersten zwei stehen.
4 Dann taucht man die Basis in Hormonpulver und setzt den Steckling fest in die Mitte des Topfes. Der Grund, warum man ihn in die Mitte und nicht an den Rand pflanzt, ist folgender: Die Pflanze wird mit einem Plastikbeutel »abgeschirmt« und soll deshalb möglichst zentral stehen.

5 Ein Stück Kupferdraht oder galvanisierten Draht biegt man oben zu einer Schlinge und steckt das untere Ende tief in die Topferde.
6 Nachdem man gegossen hat, und das Wasser abgezogen ist, zieht man einen undurchlässigen Folienbeutel darüber. Der Draht hält die Folie von den Blättern ab.

3

4

5

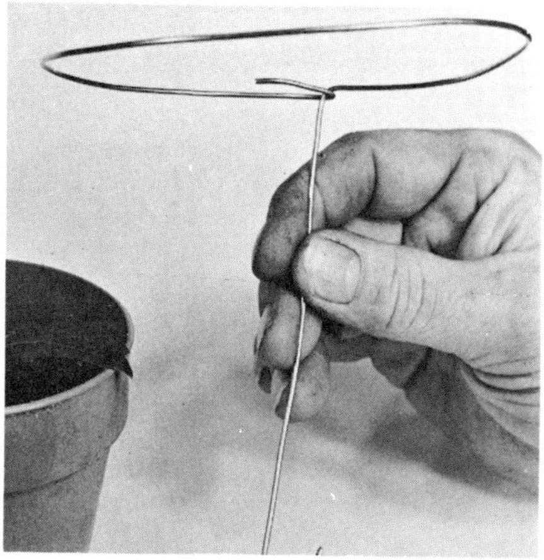

6

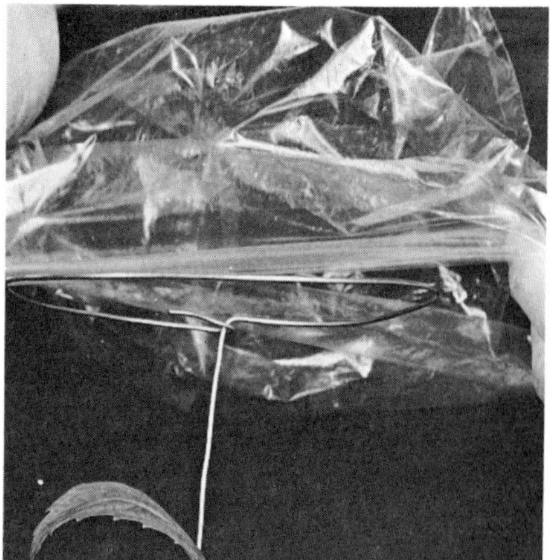

7 Man zieht den Beutel ganz über die Pflanze, dreht ihn unten zusammen, so daß er den Topf fest umschließt. Nach getaner Arbeit braucht man sich eine ganze Weile nicht mehr um den Steckling zu kümmern. Unter der Folie kondensiert das verdunstete Wasser wieder und rinnt in die Erde zurück, um dort vom wachsenden Steckling wieder aufgenommen zu werden.

8 Wenn die Blattknospen an der Spitze der Pflanze zu wachsen anfangen, so zeigt dies, daß die Bewurzelung begonnen hat. In der Praxis besteht keine Notwendigkeit, die Pflanze zu stören, bis die Wurzeln den Topf ausfüllen. Sobald das Wachstum beginnt, wird der Beutel langsam entfernt, und die junge Pflanze allmählich an die frische Luft gebracht.

7

8

Ein Sonderfall ist der echte Jasmin *(Jasminum nudiflorum)*, den man als kletternden Strauch an Spalieren zieht und der besonders wegen seiner hellgelben Blüten im Spätwinter beliebt ist. Man kann ihn nämlich ganz einfach vermehren, weil seine Triebenden leicht Wurzeln schlagen. Wenn man jedoch mehr Pflanzen erhalten will, kann man auch hier krautige Stecklinge verwenden. Das Frühjahr ist dazu die beste Zeit. Die Technik ist ähnlich wie bei der Deutzie.

1 Man wählt einen kräftigen diesjährigen Trieb.
2 Aus langen Trieben schneidet man etwa zehn Zentimeter lange Teilstücke. Dabei sollte der Schnitt am unteren Ende direkt unterhalb, am oberen Ende direkt oberhalb eines Blattansatzes erfolgen.

1

3

2

4

3 Die unteren Blattpaare werden entfernt und damit sind die Stecklinge fertig.
4 Die Stecklinge werden am Topfrand so tief gesteckt, daß ihre Blätter fast die Erde berühren.

5 Um die Entwicklung der neuen Pflanzen zu beschleunigen, verfährt man ähnlich wie bei der Hortensie. Man biegt aus Draht eine kleine Stütze und stellt sie mit der unteren Schlinge in eine flache Schale.
6 Auf diese untere Schlinge stellt man den Topf mit den Stecklingen.

5

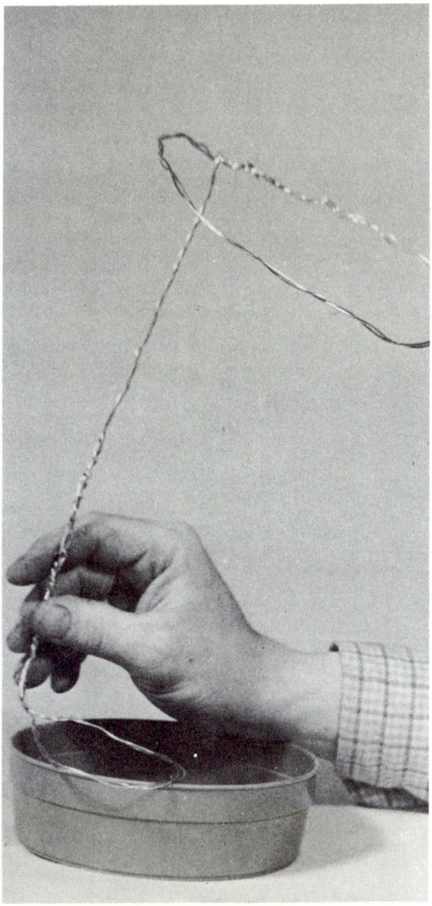

6

7 Der Raum zwischen Topf und Schalenrand wird mit feuchtem Torf gefüllt.
8 Schließlich stülpt man einen undurchlässigen Folienbeutel über die obere Drahtschlinge . . .
9 . . . und zieht ihn bis unter die Schale mit dem Topf. Wenn die Stecklinge Wachstum zeigen, wird die Folie schrittweise entfernt und nach einer Übergangszeit in einem kühlen Raum bringt man die Pflänzchen ins Freie.

7

8

9

Vermehrung durch Aussaat

Allgemeines

Bis jetzt haben wir eine ganze Reihe von Vermehrungsmöglichkeiten vorgestellt, bei denen jedoch immer Teile einer Mutterpflanze verwendet werden: sei es, daß man die ganze Pflanze, nur ihre Wurzeln oder nur ihre Sprosse teilt. Die sich daraus entwickelnden Jungpflanzen entsprechen daher genau der ursprünglichen Pflanze. Man kann sie trotz der Abtrennung als einen Teil der gleichen Pflanze betrachten. Für den Gartenbau ist dies von großem Wert, denn oft entsteht mit dieser Methode eine ungewöhnlich gute Pflanze, die durch Samen nicht genauso reprodu-

ziert werden kann. Um außergewöhnliche Exemplare zu erhalten, führt man auch häufig künstliche Verfahren durch: Man kreuzt Elternteile, die sich im Hinblick auf Wuchs und Farbe leicht unterscheiden. Ihre Samen bringen eine große Vielfalt an Pflanzen hervor, d.h. völlig unterschiedliche Einzelpflanzen. Von diesen werden die besten zur Weitervermehrung durch Stecklinge, Absenker oder Veredelung ausgewählt.
Bei Baumschularbeiten benutzt man diese Vermehrungsmöglichkeiten, weil die entstandenen Pflanzen wieder genau die charakteristischen Eigenschaften der neuen Sorte haben sollen. In unseren Gärten gibt es viele Blumen, Sträucher und Bäume, die vielleicht auch als Einzelresultat entweder aus wohlüberlegter oder auch aus zufälliger Kreuzung entstanden sind. Natürlich bringen alle Pflanzen Samen hervor, der in den meisten Fällen auch fruchtbar ist. Die Tatsache, daß die Nachkommen dieser Samen kleine Unterschiede aufweisen, hat ihre Vorteile. Wie oben ausgeführt, machen wir uns diese Tatsache zur Entwicklung neuer Sorten zunutze. Wir wünschen uns in unseren Gärten oft mehr Pflanzen einer bestimmten Art, folglich benötigen wir Samen, der sortenecht ausfällt.
Wenn eine Pflanze Samen erzeugt, so sind dazu fast immer zwei Eltern notwendig. Nur manche Pflanzen zeigen Selbstbefruchtung. Diese Elternpflanzen gleichen sich im wesentlichen, sind aber in ihren charakteristischen Eigenschaften dennoch etwas unterschiedlich. Durch Kombination beider Anlagen entsteht ein Sämling, der selbst keinem der beiden Eltern genau gleicht. Er hat von beiden zwar charakteristische Eigenschaften, jedoch in verschiedenen Proportionen.
Von Zeit zu Zeit finden allerdings bedeutendere Veränderungen im Erbgut statt, die man Mutationen nennt. Sie können das Aussehen einer Pflanze auf erstaunliche Weise ändern. Unsere Gärtner verdanken den Mutationen sehr viel, weil sie sie in die Lage versetzen, eine große Vielfalt an Farben, Blütengrößen usw. zu entwickeln. Die Gründe für das Auftreten von Mutationen sind nur kompliziert erklärbar. Jedenfalls scheinen manche Pflanzen leichter zu mutieren als andere.
Betrachten wir z.B. die Rose. Jährlich werden für den Versuch, Rosenkreuzungen aus Samen zu züchten, große Beträge ausgegeben in der Hoffnung, außergewöhnliche Exemplare in Farbe, Duft oder Wuchs zu erzeugen. Oft wird unter Tausenden kultivierter Rosen nur ein einziger Sämling ausgewählt. Dennoch lassen sich in der Vorgeschichte der Kletter-, Busch- und Floribundarosen trotz unermeßlicher Vielfalt in Farbe, Wuchs, Größe und Blattform nur einige wenige Ursprungsarten nachweisen. Die heutigen Unterschiede sind allesamt durch Züchtung entstanden.
Zieht man Gartenpflanzen aus Samen, die man von eigenen Pflanzen gesammelt hat, kann man nie ganz sicher sein, ob sie sortenecht sind; ob die daraus entstehenden Pflanzen auch genau wie ihre Eltern aussehen werden oder nicht. Aber gerade diese Nichtbestimmbarkeit vergrößert das Interesse des Liebhabers für die Saatzucht, weil damit immer die Möglichkeit besteht, daß man eines Tages eine neue, herrliche und unerwartete Sorte zieht. Das ist vielfach geschehen. In England wurde z.B. ein prächtiges Sortiment neuer Lupinen von einem Hobbygärtner namens Russel entwickelt, und auch nach ihm benannt.
Man kann Saatgut natürlich auch kaufen. Es entstehen im allgemeinen gleichartige Sämlinge daraus. Wenige Dinge sind aber so interessant und wirtschaftlich wie der Anbau von Pflanzen aus Samen, die man selbst gesammelt hat.

Erstaunlicherweise ist Vermehrung durch Aussaat keineswegs die einfachste Methode. Es ist z.B. wahrscheinlicher, daß man mit der Teilung von Primeln mehr Erfolg hat, als wenn man sie aus Samen zieht. Ihr Samen ist nämlich besonders fein und braucht im frühen Stadium sehr viel Sorgfalt.

Allgemein kann man drei verschiedene Arten von Samen unterscheiden. Die erste und einfachste Art ist sehr widerstandsfähig. Sie läßt sich im Garten aussäen und dort ungeschützt weiterziehen.

Die zweite Gruppe ist weniger widerstandsfähig. Man sät die Samen im zeitigen Frühjahr im Kasten oder im Gewächshaus aus. Die Pflanzen müssen also vorkultiviert werden. Wenn die Fröste vorbei sind, pflanzt man aus. Die dritte Gruppe muß in einer sehr warmen Umgebung ausgesät werden und bedarf immerwährender sorgfältiger Pflege. Hierzu gehören viele Zimmerpflanzen. Jetzt sollen jedoch nur die ersten beiden Gruppen erörtert werden: widerstandsfähiges und weniger widerstandsfähiges Saatgut.

Ein Samenkorn ist praktisch bereits eine in sich vollständige Pflanze. Es besitzt einen Nahrungsvorrat, Atemsystem und Wachstumspotential. Das Entstehen einer neuen Pflanze ist von mehreren Faktoren, wie Luft, Feuchtigkeit, Wärme und (später) Licht abhängig. Nährsalze sind zunächst weniger wichtig. Fast alle Samen enthalten ein Nährgewebe, so daß sie zu Beginn des Wachstums nicht extra ernährt werden müssen. Viele Samen kann man sogar auf völlig sterilen Medien, z.B. auf Baumwolle oder rohem Sand, auskeimen lassen.

Wenn der Sämling aber einmal zu wachsen begonnen hat, so muß er natürlich, bevor sich sein Vorrat erschöpft hat, zusätzliche Nahrung bekommen.

Wasser und Nahrung werden zugleich benötigt. In feuchter Umgebung nehmen die Samen durch ihre Außenhäute Wasser auf und beginnen, falls die Temperatur ausreicht, zu quellen. Ohne Wärmeeinfluß verlangsamen sich auch im feuchten Samenkorn die Reaktionen oder hören fast ganz auf. Wenn also Feuchtigkeit und Wärme gleichermaßen vorhanden sind, sprengt das Samenkorn seine Hülle. Nach unten beginnt sich eine kleine Wurzel auszustrecken und nach oben ein ebenso winziger Sproß.

Dies ist für die Pflanze ein kritisches Stadium. Die Wurzeln müssen eine Nahrungsquelle suchen, bevor der Nährstoffvorrat erschöpft ist, der wachsende Sproß muß ausreichend Licht finden, um mit dem Aufbau von Pflanzengewebe beginnen zu können. Zu diesem Zeitpunkt wird sowohl für die Wurzel als auch für den Sproß die Luftzufuhr gleich lebenswichtig, denn ohne sie können alle diese Reaktionen nicht stattfinden.

Für eine erfolgreiche Aussaat müssen wir daher zuerst eine feuchte, richtig temperierte Atmosphäre schaffen; gleich zu Beginn ihrer Entwicklung müssen der Pflanze die Nährstoffe im Boden zugänglich sein. Er darf davon aber nicht zuviel enthalten: zu hohe Konzentrationen bringen Wachstumsstockungen mit sich. Der wichtige Faktor »Luftzufuhr« wird häufig übersehen. Wenn man ein Samenkorn in Wasser eintaucht und dabei alle Luft fernhält, so geht seine Weiterentwicklung nur langsam vor sich, sofern sie überhaupt stattfindet. Gut drainierte Erde ist wesentlich für den Erfolg, denn nur so kann Luft in die Erde eindringen und den Wurzeln bei ihrer Arbeit helfen.

Und schließlich benötigt der Samen Licht. Ohne Licht können die sprießenden Blätter die Nährstoffe nicht zu Pflanzengewebe umbauen. Sobald sich das erste Blatt entfaltet, muß man Licht an die Pflanze heranlassen, sonst sucht sie danach, streckt

sich höher und höher und wird dabei schwach und vergilbt.
Es sollen im folgenden die Methoden dargestellt werden, die diese lebenswichtigen Bedingungen schaffen.
Sonne oder künstliche Wärmequellen liefern Wärme. Durch Befeuchten (aber nicht Durchnässen!) der Erde wird Wasser zugeführt. Durch Belüftung erhält die Pflanze lebensnotwendige Luft, die allerdings nicht so kalt sein darf, daß sie das Wachstum der Pflanze hemmt. Darauf sollte man immer achten. Durch die ausgewogene Mischung chemischer Düngemittel in der Erde, erhält die Pflanze ihre Nährstoffe. Licht wird durch die Sonne oder durch künstliche Lichtquellen an den Sämling herangebracht.
Im Freiland muß man die richtige Jahreszeit wählen. Aussaaten nimmt man meist im Frühjahr vor. Der Boden wird sehr schnell von der Sonne erwärmt, trocknet ab und wird locker und krümelig. Es folgen wärmere und längere Tage und feuchtere Abende: ideale Witterungsverhältnisse für empfindliche Sämlinge!
Aussaat in geschlossenen Räumen läßt sich selbstverständlich besser regulieren, aber auch in diesem Fall spielt die Jahreszeit eine Rolle. Man muß sicher sein, daß zum Zeitpunkt des Auspflanzens fertiger Jungpflanzen geeignetes Wetter herrscht. Es hätte wenig Sinn, Pflanzen zu ziehen, die mitten im Winter das Pflanzstadium erreichen.
Obwohl für Aussaaten der Frühling im allgemeinen die richtige Jahreszeit ist, gibt es einige Sämereien, die am besten keimen, wenn man sie im Spätsommer oder Frühherbst, unmittelbar nach ihrer Reife aussät. Diese Arten überwintern als kleine Sämlinge. Viele widerstandsfähige Arten, die sich unserem Klima angepaßt haben, vertragen diese Behandlung ohne weiteres. Es gibt jedoch auch andere, die den langen Winter nicht überstehen könnten. Deshalb sät man sie unter Glas aus und setzt sie erst im späten Frühjahr nach draußen.
Pflanzen, die man aus Samen zieht, können zu einer von zwei Hauptgruppen gehören: zu den einjährigen oder zu den mehrjährigen Pflanzen. Die einjährige Pflanze erzeugt nach der Aussaat im Frühjahr noch im gleichen Jahr Blüten und Samen und stirbt dann ab. Durch ihren Samen pflanzt sie sich weiter fort.
Mehrjährige Pflanzen, zu denen wir auch die Stauden zählen, entwickeln sich innerhalb von mehreren Jahren bis zur Reife und leben dann noch längere Zeit weiter. Einige Stauden existieren tatsächlich zwanzig oder dreißig Jahre. Bäume und Sträucher haben eine noch viel höhere Lebensdauer.
Zwischen den beiden genannten Gruppen liegt die der zweijährigen Pflanzen. Im ersten Jahr treiben sie den Sproß, der nur Blätter aber keine Blüten entwickelt. Im zweiten Jahr bilden sie Blüten und Samen und sterben dann ab. Ihr Lebenszyklus beansprucht also zwei Jahre.
Sicher reizt viele Gärtner der Gedanke, die Anzahl ihrer Stauden, z.B. des Rittersporns, durch Aussaat einiger Päckchen Samen noch zu vergrößern. Die meisten Hobbygärtner machen aber wohl hauptsächlich Aussaaten, um Einjahrespflanzen als Sommerblumen für Balkonkästen oder zur Beetbepflanzung zu ziehen. Auch in einem kleinen Garten braucht man unter Umständen Hunderte von Pflanzen. Da ist die Aussaat gewiß die einfachste und billigste Möglichkeit, einen reich blühenden Garten zu schaffen.
Die Aussaattechnik ist bei ein-, zwei- oder mehrjährigen Pflanzen ähnlich. Widerstandsfähige Arten sät man draußen direkt in die Erde. Weniger widerstandsfähige Arten sät man zunächst in Kistchen und

pflanzt sie dann aus. Gehen wir zunächst auf die erste Methode ein:
Vor der Aussaat ist eine gute Bodenpflege notwendig. Umgraben sollte man in jedem Fall, zumindest ist jedoch das Auflockern mit der Hacke angebracht. Unkräuter müssen möglichst gründlich entfernt werden. Wenn die Sämlinge in ihrer Entwicklung auf wenig Konkurrenz stoßen, sind ihre Überlebenschancen natürlich höher. Wasserstau muß vermieden werden, deshalb ist ein gut drainierter Boden erforderlich. Die gute Vorbereitung des Bodens ist für erfolgreiche Aussaat von größter Wichtigkeit. Die Oberfläche muß gut zerbröckelt und abschließend fein geharkt sein. Bei leichten und mittleren Böden, die ausgetrocknet sind, lassen sich oft bessere Ergebnisse erzielen, wenn man den Boden vor der Aussaat mit Tretbrettern gleichmäßig festdrückt. Dann liegen die Bodenteilchen eng zusammen, die Anzahl der Poren ist geringer und die feinen Samen fallen nicht so leicht in sie hinein. Die leichte Verfestigung hilft auch den sprießenden Wurzeln, auf der Suche nach Nährstoffen kleinere Lufträume zu durchqueren. Manche Gärtner graben ihren Boden nicht nur einfach um. Sie mischen große Mengen Komposterde darunter, die sie aus Garten- und Küchenabfällen zubereitet haben. Das ist eine ausgezeichnete Methode, mit der man erstklassige Ergebnisse erzielt. Die Herstellung größerer Mengen Komposterde ist allerdings ziemlich aufwendig. Nicht jeder hat das notwendige Rohmaterial. Ob man nun einfach umgräbt, oder zusätzlich Komposterde dabei verwendet, das Ergebnis sollte ein nährstoffreicher, krümeliger, feinkörniger Boden sein, der zwar das Wasser festhält, dabei aber nicht gleich Klumpen bildet. Gleichzeitig darf das Bodengefüge nicht so fein sein, daß es schnell austrocknet.
Daß der Boden fruchtbar sein soll, steht fest. Dabei erhebt sich die schwierige Frage, ob man zu diesem Zweck Kunstdünger verwenden sollte, oder nicht. Die sogenannten natürlichen Dünger, wie Pferde- oder Kuhmist, die mehrere Monate lang im Haufen lagerten und gut verrottet sind, wirken ausgezeichnet. Eine kleine Menge davon kann in die oberen 15 Zentimeter der Saatbeetkrume eingemischt werden. Wichtig ist, daß man nicht frischen, tierischen Dünger verwendet. Das Ergebnis könnte katastrophal sein. In solchem Frischdünger haben die Bakterien ihre Arbeit noch nicht vollendet. Die Sämlinge könnten die noch nicht aufbereiteten Stoffe darin nicht vertragen.
Ähnliches gilt für Mineraldünger. Für ein Saatbeet sollten nur sehr milde Dünger verwendet werden. Wahrscheinlich ist es tatsächlich besser, bei direkten Aussaaten überhaupt keine Mineraldünger anzuwenden, zumindest nicht innerhalb eines Monats nach der Aussaat.
Um einen schönen, feinen Boden zu erzielen, der gut Wasser aufnimmt, ist Torf genau das richtige Material. Bei seiner Anwendung braucht man nicht zu sparen. Es ist besser, eine kleine Fläche mit einer fünf bis acht Zentimeter dicken Torfschicht zu bedecken, als ihn auf einer viel größeren Fläche nur ½ Zentimeter hoch zu verteilen. Man arbeitet ihn acht bis zehn Zentimeter tief in die Krume ein. So führt man dem Boden eine Art »Schwamm« zu, der das Wasser festhält und dennoch der Luft freien Zutritt gewährt. Torf ist für leichten wie für schweren Boden gleich gut geeignet. Schweren Boden vermengt man mit grobem Sand, damit das Wasser leichter abziehen kann. Dennoch kann man zusätzlich Torf hinzufügen.
Wenn der Boden vorbereitet ist, wird zur richtigen Jahreszeit die Aussaat vorgenommen. Den Samen verstreut man beliebig über die Oberfläche oder sät ihn

in geraden Reihen. Für eine spätere Überprüfung ist die Methode der geraden Reihen einfacher, denn man kann ganz klar sehen, welches echte und welches Unkrautsamen sind. Wenn man den Samen beliebig verstreut hat, ist dies nicht immer möglich. Zwischen den geraden Reihen läßt es sich auch leichter hacken.

Unkraut erschwert in jedem Fall die Arbeit. Der winzige Sämling kann nicht mit den rasch wachsenden Unkräutern konkurrieren, die ihn ringsherum zu ersticken dro-

hen, seinem Erdreich Wasser und Nahrung entziehen, und von seinen Blättern, die sich entfalten wollen, das Licht fernhalten. Solche tiefwurzelnden, kräftigen, ausdauernden Unkräuter muß man unbedingt entfernen. Also gehen viele Gärtner aufs Ganze und spritzen mit einem Mittel, das alle Unkräuter vernichtet. Ein solches Mittel muß man jedoch sorgfältig auswählen. Beim Eindringen in den Boden sollte es inaktiv werden, sonst besteht die Gefahr, daß man die Sämlinge mitvergiftet. Bei allen derartigen Mitteln muß die Gebrauchsanweisung streng befolgt werden. Normalerweise ist aber eine solch drastische Behandlung, zumindest bei gewöhnlichen Sämlingen, nicht notwendig. Jäten genügt, oder man hackt so lange zwischen den Reihen, bis die Jungpflanzen kräftig genug sind.

Wie tief muß der Samen liegen? Auf diese Frage gibt es keine allgemeingültige Antwort. Die übliche Regel ist, daß man den Samen seiner Dicke entsprechend mit Erde abdeckt. Das kann man zwar noch leicht abschätzen, wenn es sich um ein Samenkorn von der Größe einer Zuckererbse handelt; schwieriger wird es aber bei den feineren Sämereien. Bei diesen genügt es jedoch häufig, sie auszustreuen und leicht zu harken. Sie fallen dann zwischen die Erdkrümel und sind so bereits ausreichend abgedeckt. Oder man kann nach dem Ausstreuen sandigen Boden darübersieben, so daß sie gerade eben abgedeckt werden. Danach darf man den Boden natürlich nicht rechen, sonst fallen die Samen zu tief. Man könnte einwenden, daß wilde Samen überhaupt nicht abgedeckt werden und es trotzdem fertig bringen, sich rasch zu entwickeln. Das ist völlig richtig, und auch viele kultivierte Samen haben die Kraft, sich selbst zu bedecken, beibehalten, sofern man sie sich selbst überläßt. Man muß aber bedenken, daß die große Mehrzahl der wilden Samenkörner überhaupt nicht auskeimt. Viele solche Samen werden vom Wind verweht, trocknen aus und sterben ab oder sie werden von Vögeln, Mäusen und Insekten gefressen. An feuchten Stellen verschimmeln sie oder werden in Wasserläufe abgeschwemmt.

Beim bewußten Anbau versuchen wir diese Risiken zu verringern, indem wir die Samen tief genug in die Erde einbringen und ihnen die für ihre Bewurzelung besten Bedingungen verschaffen.

1 Der Boden wird für die Aussaat vorbereitet.
2 Will man Samen in geraden Linien aussäen, so ist es empfehlenswert, ein langes Stück Rundholz, wie z. B. den Stiel eines Rechens, in den Boden zu pressen. So entsteht eine flache Rinne, in die man die Samen hineinlegen kann. Eine besondere Verfeinerung der Methode besteht darin, daß man auf den Grund jeder Rinne ein wenig speziell gemischte Aussaaterde, wie man sie auch in Saatkistchen verwendet, oder sogar reinen Torf oder Sand streut.

Sobald die Sämlinge sich entwickeln, müssen sie vereinzelt werden. Das Vereinzeln muß erbarmungslos durchgeführt werden. Viele Hobbygärtner zögern zu sehr damit. Das läuft darauf hinaus, daß sich Gruppen schwacher, vergeilter Sämlinge bilden, die sich niemals zufriedenstellend weiterentwickeln. Man soll sie deswegen beim Vereinzeln immer ein bis zwei Zentimeter auseinandersetzen.
Während ihrer Weiterentwicklung pflanzt man sie immer weiter auseinander. Dabei soll man immer möglichst viel Erde an den Wurzeln lassen. Das Verpflanzen sollte auch nicht in der vollen Mittagssonne durchgeführt werden. Die beste Zeit ist der späte Nachmittag, wenn der Boden noch warm ist, die Sonne aber den größten Teil ihrer Kraft verloren hat. Über Nacht haben die Sämlinge Gelegenheit, in der feuchtwarmen Erde ihre Wurzeln wiederherzustellen. Sie sind dann für den folgenden Tag vorbereitet. Bei warmem Wetter besprühe man sie möglichst mehrere Male täglich mit Wasser. Pflanzen können das notwendige Wasser sowohl über die Blätter als auch über die Wurzeln aufnehmen.

1

2

3 Ein weit verbreiteter Fehler des Hobbygärtners ist das Aussäen in dichten Anhäufungen. Dadurch entstehen jährlich ziemliche Verluste. Wenn keimende Samen sich berühren oder sehr dicht nebeneinanderliegen, müssen die Sämlinge von Anfang an ums Dasein ringen. Wenn auch die kräftigeren überleben, so kommt es doch zu einer hier unerwünschten Auslese und die schwächeren Sämlinge sterben alle ab. Viel besser ist es, in Abständen von jeweils einem Zentimeter ein oder zwei Samenkörner auszulegen, damit sie sich konkurrenzlos weiterentwickeln können. Bei sehr kleinen Samen kann das vielleicht recht schwierig sein. Deshalb hier ein guter Tip: Man mischt den feinen Samen mit der zwei- bis dreifachen Menge reinem Sand und verstreut diese Mischung in den Rillen.

4 Nach der Aussaat zieht man die Erde mit dem Rechen vorsichtig wieder über die Samen.

3

4

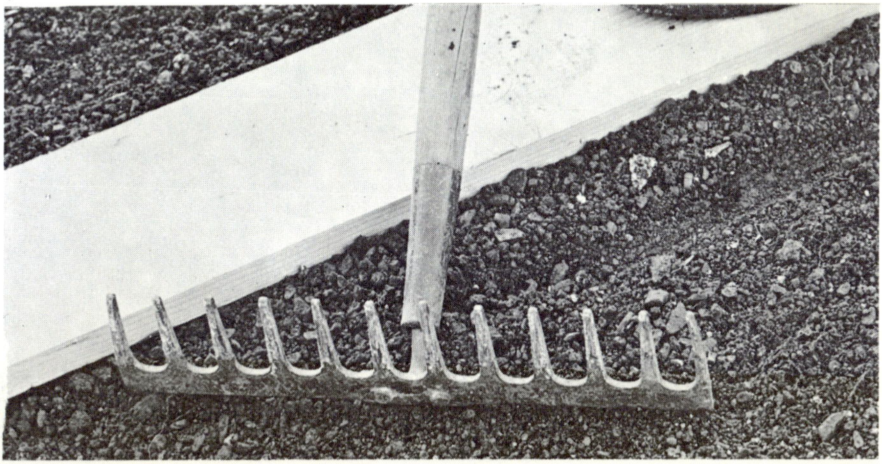

Aussaat in Kistchen

Selbst wenn eine Pflanze sehr widerstandsfähig ist und aus Samen gezogen werden kann, der direkt ins Freiland ausgesät wird, läßt man sie manchmal lieber in Kistchen wachsen, die man geschützt aufstellen kann. Auf diese Weise kann man gut gemischte fruchtbare Erde herstellen und die Sämlingsentwicklung von Anfang an sorgfältig überprüfen.
Eine große Anzahl Sämlinge lassen sich für den Anfang in einem einzigen Kistchen unterbringen. Wenn sie sich weiterentwickeln, muß man sie natürlich in mehrere Kistchen umpflanzen. Die Kosten für moderne Kuntstoffschalen sind glücklicherweise gering. Diese Schalen halten viele Jahre.
Am nützlichsten sind die Saatkistchen, wenn man im Garten ein Frühbeet oder ein Gewächshaus hat. Hier stehen sie geschützt, und sind deshalb besser zu pflegen. Gleiches wird erreicht, wenn man aus ein paar Holzlatten und einer Anzahl Ziegelsteine einen etwa 20 cm hohen Kasten baut, ein improvisiertes Frühbeet. Selbst wenn man es nur mit durchsichtiger Folie abdeckt, erhält man einen kalten Kasten, der, sieht man von strengen Frösten ab, guten Schutz bietet. Seine Herstellung erfordert wenig Mühe und Aufwand. Besser als die Folie ist eine Glasscheibe zur Abdeckung. Sie mag zwar etwas schwieriger zu beschaffen sein, bietet aber größeren Schutz.
Einer der wichtigsten Faktoren bei der Aussaat in Kistchen ist die sogenannte Dränage (Wasserabzug). Pflanzen, die im Wasser stehen, gedeihen nie richtig. Früher schuf man in den Holzkistchen gute Drainagen: Auf den Boden streute man eine Schicht Kieselsteine oder die groben Reste abgesiebter Komposterde, dann folgte eine Schicht fein gesiebter Erde. Bei der Verwendung moderner Erden braucht man sich kein zusätzliches Drainagematerial zu beschaffen, besonders

wenn die Erden industriell hergestellt sind. Sie sind so beschaffen, daß sich eine vortreffliche Dränage von selbst ergibt.
Im Handel werden verschiedene Erden angeboten. Es gibt Erdmischungen für frische Saaten, für Sämlinge, Stecklinge, usw. Die Differenzierung ist berechtigt und nicht eben nur vom Hersteller erfunden, um bessere Geschäfte zu machen. Frische Samen verlangen in ihrer Erde einen weniger hohen Gehalt an Nährstoffen als Stecklinge oder ältere Sämlinge. Zu hohe Konzentrationen können ihnen schaden. Gesunde Sämlinge kann man durch zu hohe Düngergaben leicht zum Absterben bringen; denn durch zu starke Dünger in der Nähe ihrer Wurzeln werden der Pflanze eigene Stoffe entzogen. Das läßt sich auf einem komplizierten Vorgang, Osmose genannt, zurückführen, der hier in der umgekehrten Richtung abläuft, so daß die Wurzeln in diesem Fall nicht Stoffe aufnehmen sondern an ihre Umgebung abgeben.
Wenn man selbst Erden zur Verfügung hat, kann man in gut verrottete Kompost- oder Mistbeeterde (mit Torf- und Sandzusatz) aussäen. Mineraldünger sollte man hier nicht hinzufügen. Wenn die Sämlinge aufgegangen und reichlich bewurzelt sind, überbraust man mit einer (neutralen) Volldüngerlösung (1 Gramm/Liter). Gegen verschiedene Fäulnispilze sprüht man eine Chinosollösung (0,5–1-g-Tablette auf 1 Liter Wasser) über die Schalen, evtl. mit einem Zerstäuber. Die Aussaatkistchen müssen jedoch feucht sein! Bei bereits starkem Befall kann man ohne Sorge auch die doppelte Menge Chinosol verwenden.
Das Füllen der Kästen und das Aussäen sind einfache und angenehme Tätigkeiten. Um dabei die besten Ergebnisse zu erzielen, muß man aber auch sehr genau arbeiten.

1 Man bedeckt den Boden des Kistchens mit einer etwa einen Zentimeter dicken Schicht sauberer Steinstückchen.
2 Darauf folgt ein Zentimeter grob gekörnter Torf oder Rückstände von gesiebtem Kompost.

1

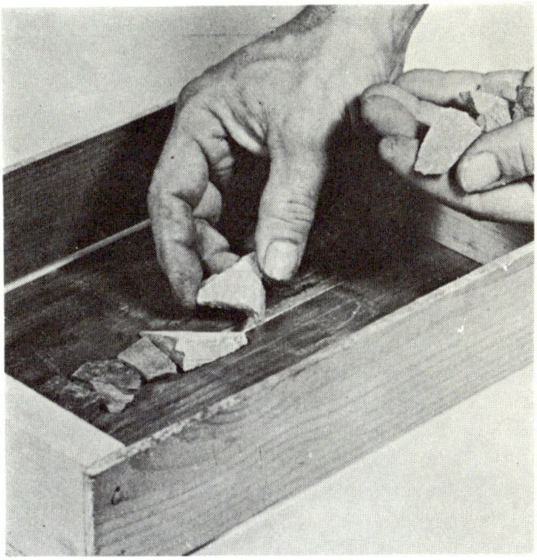

2

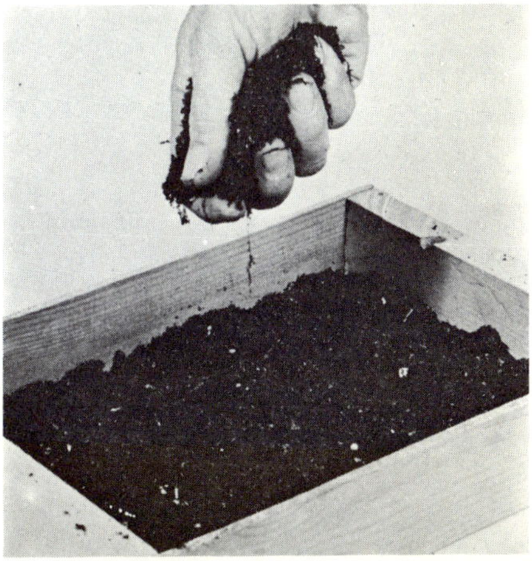

3 Man füllt nun das Kistchen ganz mit Komposterde auf. In diesem Stadium sollte man feuchte, aber keineswegs nasse Erde verwenden!
4 Überschüssige Erde entfernt man, so daß die Oberfläche mit dem Kistchen abschließt.

3

4

5 So baut man ein Patschbrett. Als Griff dient ein Stück Holz, das man von der Unterseite aus auf das Brettchen nagelt.
6 Mit diesem Patschbrett wird die Erde einen halben bis einen Zentimeter tief eingedrückt. Das genügt für das spätere Gießen.
7 Zuerst wird die Erde jedoch von unten gewässert. Dazu füllt man eine Schale mit Wasser.

5

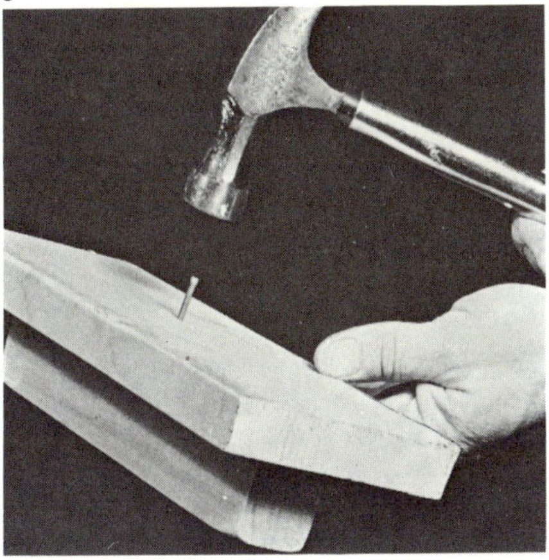

6

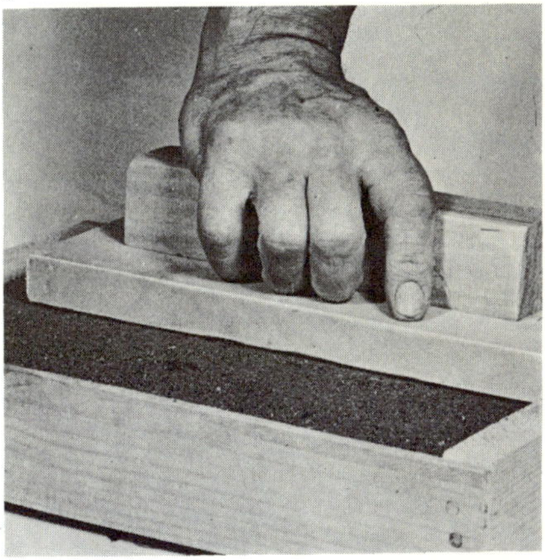

7

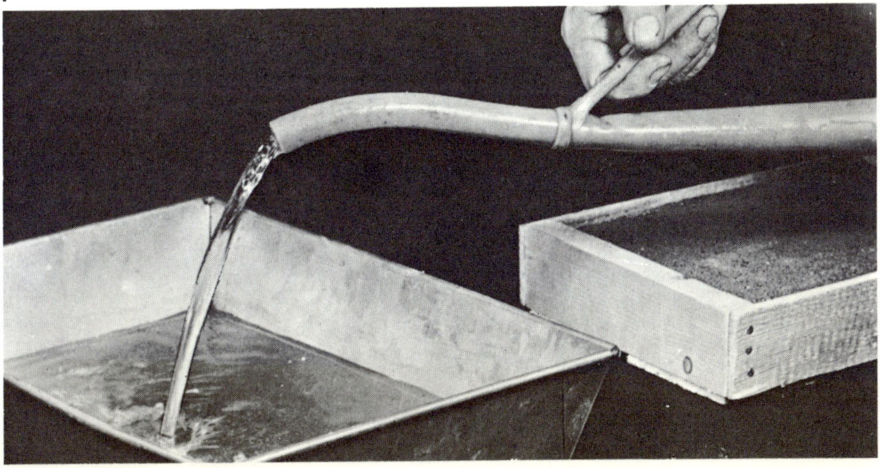

8 Dorthinein stellt man das fertige Kistchen. Es soll nicht untertauchen, sondern nur einige Zeit im Wasser ruhen.

9 Sobald Wasser aufgesogen worden ist, verdunkelt sich die Erdoberfläche. Hier ist die Kapillarkraft wirksam – ähnlich wie beim Löschpapier.

10 Damit das Wasser abzieht, das Kistchen herausnehmen! Am besten führt man das Ganze ein paar Stunden vor der eigentlichen Aussaat durch und stellt das Kistchen anschließend an eine warme Stelle. Von besonderer Wichtigkeit ist dies bei der Verwendung von kaltem Wasser, durch das sich die Erde natürlich stark abkühlt.

8

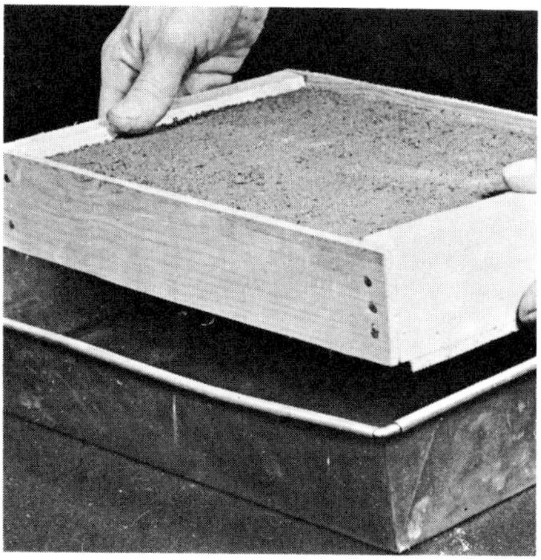

9

10

11 Den Samen verstreut man gleichmäßig und dünn auf der Oberfläche. Bei feineren Sämereien ist es zweckmäßig, sie etwa mit der gleichen Menge Sand zu vermischen. Das helle Gemisch gleichmäßig verteilen! Der Samen ist so besser sichtbar.

12 Der Samen wird mit einer feinen Sandschicht abgedeckt. Dazu verwendet man ein engmaschiges Sieb. Viele Samen muß man auf diese Art abdecken, nicht unbedingt, um ihnen zur Keimung zu verhelfen, sondern weil deren sich entwickelnde starke Wurzeln die Samen buchstäblich über die Erde heben, anstatt sie in die Erde hineinzudrücken.

11

12

13 Größere Samen, wie diesen Tomatensamen, legt man lieber einzeln, anstatt sie breit auszustreuen. Als Hilfsmittel dient dazu eine Glasscheibe.

14 Wo die Saatlinie erscheinen soll, setzt man die Scheibe auf die Erde. Die Samen schiebt man in gleichmäßigen Abständen über die Kante der Scheibe.

15 Unverzügliches Beschildern der Kistchen ist wichtig. Andernfalls vergißt man entweder, wo man bestimmte Samen ausgestreut hat; oder man bringt die Kistchen überhaupt durcheinander. Viele junge Sämlinge sehen sich nämlich sehr ähnlich.

16 Das fertige Kistchen wird mit einer Glasscheibe abgedeckt. Man kann auch einen Plastikbeutel darüberziehen. In diesem Fall legt man quer über die Mitte des Kistchens eine Holzleiste, um zu vermeiden, daß Wasser von der Folie abtropft oder die Sämlinge durch sie berührt werden.

13

14

17 Viele Samen keimen am besten im Dunkeln, deswegen mit Zeitungspapier abdecken! Sobald aber irgendein Lebenszeichen erkennbar ist – das kann schon nach ein paar Tagen sein – muß das Papier entfernt werden, sonst treibt es die Sämlinge auf der Suche nach Licht immer höher, sie werden dabei schwächlich und vergeilen.

18 Das Wasser, das sich durch Kondensation auf der Unterseite der Glasscheibe niederschlägt, muß täglich sorgfältig abgewischt werden. Die wachsenden Sämlinge könnten durch die herabfallenden Tropfen verletzt werden. Nach Keimungsbeginn kann die Scheibe allmählich abgehoben und nach ein paar Tagen ganz entfernt werden.
Während dieses Wachstumsabschnitts soll man die Sämlinge möglichst dicht ans Licht bringen. Man stellt das Kistchen nahe an das Fenster oder dicht unter das Dach des Gewächshauses.

15

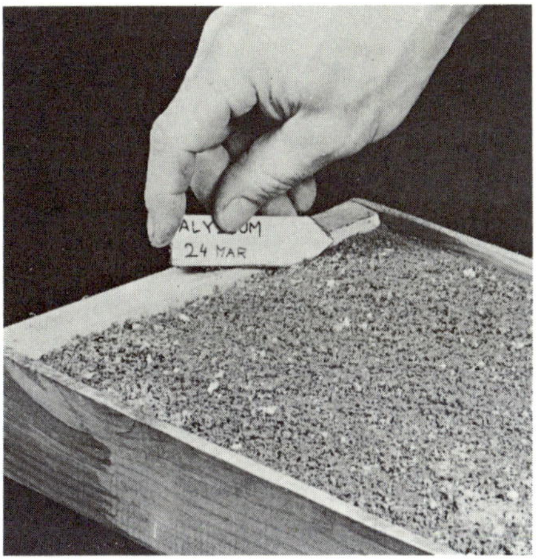

17

16

18

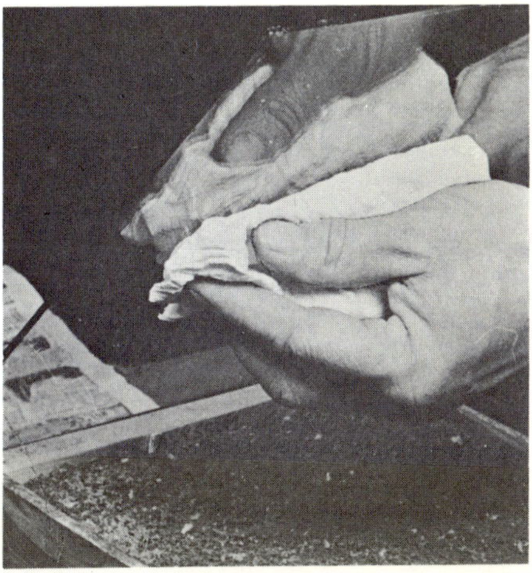

Pikieren

1 Sobald sich das erste Blattpaar zeigt, steht die Saat zum Auspflanzen bereit. Natürlich keimen nicht alle Sämlinge gleichzeitig, und deshalb versetzt man nur die fertigen Pflänzchen. Die anderen läßt man stehen, damit sie sich in den nächsten Tagen noch weiter entwickeln.
2 Die zweiblättrigen Sämlinge sind zwar recht winzig, allerdings haben sie eine ziemlich lange Wurzel. Man faßt sie immer nur an den Blättern an und behandelt sie äußerst vorsichtig.

Als nächstes muß man die Sämlinge verpflanzen. Man nimmt sie also heraus und pflanzt sie, einen vom anderen genügend weit entfernt, in andere Kistchen. Diese Arbeit sollte so früh wie möglich getan werden, auch wenn die Sämlinge scheinbar noch zu klein sind. Nie sollte man Sämlinge zu groß werden lassen, da man sonst zu starke Verluste in Kauf nehmen muß. Die meisten Sämlinge treiben zunächst ein einziges Blattpaar. In diesem Stadium ist ein Verpflanzen am besten durchführbar. Nebenbei bemerkt, hält man die Sämlinge nie an ihren Stielchen, sondern nur an ihren Blättchen fest. Auch bei größter Sorgfalt ist es unmöglich, einen Sämling an seinem Stengel anzufassen, ohne ihn zu zerquetschen.
In diesem frühen Stadium besteht eine große Gefahr in der Blatt- und Stengelfäule. Sie entsteht durch den Befall eines ganz bestimmten Pilzes. Hier ist Vorbeugen glücklicherweise einfach und bedeutend besser als Heilen. Man taucht das fertige Kistchen unmittelbar vor oder nach dem Verpflanzen in eine Chinosollösung (1-g-Tabl. auf 1 Liter Wasser, wie bereits erwähnt). Dadurch wird die Krankheitsgefahr vermindert.

1

2

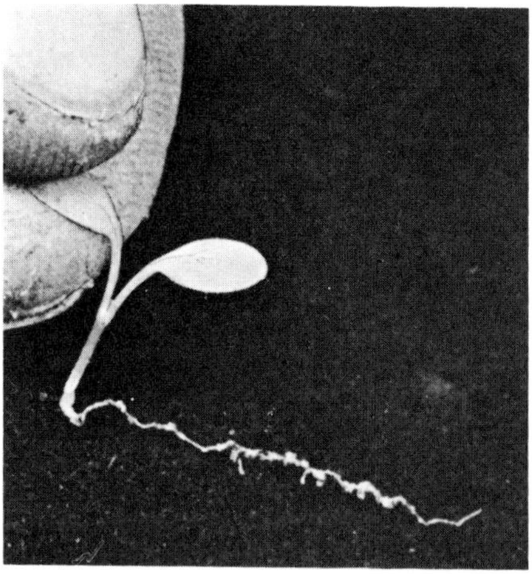

3 Mit einem angespitzten Stäbchen sticht man in die Erde. Das Loch muß tief genug sein, um die ganze Wurzel aufnehmen zu können.
4 Den Sämling so tief hineinhalten, daß sich seine Blätter gerade über der Erdoberfläche befinden.
5 Erde leicht an Sproß und Wurzeln drücken, so daß der Sämling festsitzt.
6 Abschließend die Oberfläche mit dem flachen Ende des Stäbchens leicht andrücken, so daß der Sämling aufrecht steht.
7 Wenn man mit der Arbeit fertig ist, sollten die Sämlinge in geraden, saube,en Reihen stehen. Sie sollten so weit voneinander versetzt sein, daß jeder einzelne für sein Wachstum genügend Erde und Licht hat. Im allgemeinen pikiert man in einem Abstand von ein bis zwei Zentimetern, oder je nach Art und Größe der Pflanzen etwas weiter. Wenn sie sich in diesen Kistchen einmal entwickelt haben, kann man sie an ihren endgültigen Standort pflanzen, entweder in Töpfe oder ins Freiland.

3

4

5

6

7

Aussaat in Spezialtöpfen

Jungpflanzen erleiden durch das Umpflanzen immer Wachstumsstockungen, und Gärtner haben viel Zeit und Mühe verwendet, um Methoden zu entwickeln, die die Notwendigkeit des Verpflanzens einschränken. Besonders gut geeignet sind hierfür Torftöpfe in verschiedener Größe. Viele sind wie herkömmliche Blumentöpfe geformt, andere sind viereckig oder sie bestehen aus einer Reihe kleinerer Behälter, die sich leicht voneinander trennen lassen. Sie alle sind aus gepreßter Torffaser hergestellt, manche sogar unter Zusatz von Pflanzendünger.

Pflanzen, die in solchen Töpfen wachsen, werden niemals umgesetzt. Wenn die Ballen zu groß werden, wachsen die Wurzeln durch die Fasern. Dann kann man das ganze Ding: Topf, Wurzel, grüne Pflanze, in einen größeren Topf setzen, ohne daß die Pflanze überhaupt eine Stockung erleidet. Das ist eine ausgezeichnete, allerdings nicht ganz billige Möglichkeit, Sämlinge ungestört wachsen zu lassen. Dennoch ist sie für den Hobbygärtner von hohem Wert, weniger für die normal aus Samen gezogenen Pflanzen, als vielmehr für Stecklinge von Gehölzen und für die Aussaat besonderer Sorten. Die Technik ist einfach und ähnelt den normalen Methoden. Der Erde sollte dennoch ein großer Teil Torf beigemischt sein. Vor Beendigung der Pflanzung wässert man die Töpfe, denn sie werden in trockenem Zustand geliefert und nehmen eine ganze Menge Wasser auf. Versäumt man das Wässern, so entziehen sie der Erde Wasser und enthalten es den Pflanzen vor.

Fasertöpfe

1 Diese nützlichen Töpfchen für Sämlinge kann man zusammen im Verband in ein normales Aussaatkistchen stellen.
2 Sie werden mit Erde gefüllt, dieser Erde ist jedoch Torf beizufügen (in höherem Verhältnis als sonst, etwa 30%), um die Wasseraufnahme zu erhöhen.
3 Die überschüssige Erde wird entfernt.
4 Mit dem Finger drückt man flache Mulden in die Erde, die den Samen aufnehmen sollen.
5 Die Samen werden einzeln oder in kleinen Gruppen eingebracht.
6 Anschließend werden sie abgedeckt. Das Wässern geschieht wie bereits ausgeführt, durch Eintauchen. Wo mehr als ein Samenkorn keimt, sucht man sich den besten Sämling heraus und entfernt die restlichen. So erhält man nur Sämlinge bester Qualität.

1

4

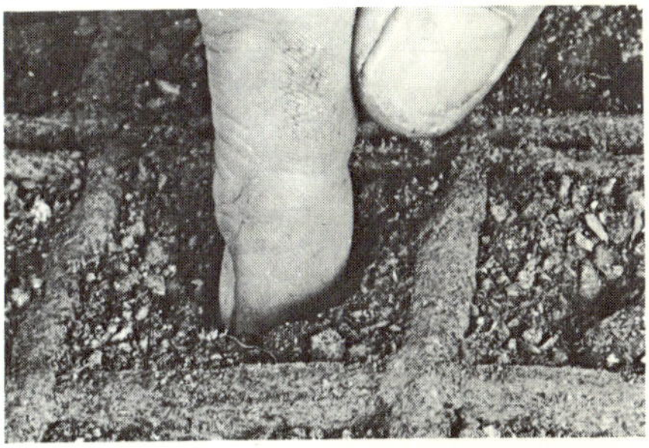

2

5

3

6

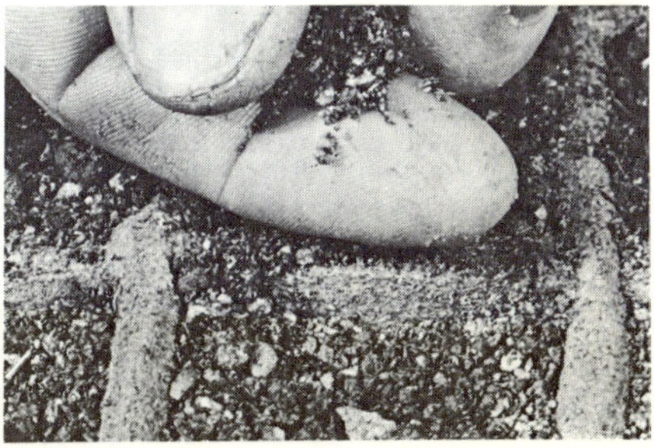

Vermehrung von Farnen durch Sporen

Einen Ausnahmefall stellen Farne dar. Die einfachste Art und Weise, die meisten von ihnen zu vermehren, besteht in der Methode der Stockteilung, die auf S. 21 ff gezeigt wird. Viele Farne entwickeln ein dichtes Wurzelgeflecht, aus dem die Wedel einzeln herauswachsen. Wenn man diese Wurzeln in einzelne Stücke zerteilt, kann man eine Anzahl neuer Jungpflanzen erhalten.

Es ist jedoch durchaus möglich, Farne aus Samen, oder um genau zu sein, aus Sporen zu ziehen. Farne erzeugen keinen üblichen Samen. Ihre Entstehungsgeschichte ist bemerkenswert. Statt Samen bringen die reifen Farne ein feines, bräunliches Pulver hervor, das aus Tausenden von Sporen besteht. Jedes dieser »Staubkörnchen« kann einen Vorkeim entwickeln. Der Vorkeim ist ein winziges, flaches und gewöhnlich rundliches Pflänzchen, das eher wie Moos aussieht, dem eigentlichen

Farn also gar nicht ähnelt. Es schmiegt sich flach an den Boden und ist zunächst fast unsichtbar; es erscheint vorerst nur als feiner, grüner Film auf der Erdoberfläche.

Obwohl der Vorkeim sehr klein ist, ist auch er bereits eine funktionsfähige Pflanze. Während seines Wachstums entwickelt er männliche und weibliche Organe. Erst nach einer Befruchtung treibt er die vertrauten Farnwedel, die dann sehr rasch zur vollen Größe heranwachsen. Wenn diese Wedel ausgewachsen sind, erzeugen sie wieder Sporen und setzen so den Zyklus fort.

Wenn wir nun Farne durch Sporen vermehren wollen, müssen wir alle Voraussetzungen für eine solche Entwicklung schaffen. Im späten Sommer beginnt man gewöhnlich mit dem Sammeln der Sporen. Diese zeigen sich am Rand oder auf der Unterseite der Wedel als feines, braunes Pulver. Man hält ein Blatt weißes Papier unter den Wedel und stößt diesen leicht an. Dabei fallen die Sporen auf das Papier. Möglicherweise kann man den Wedel abschneiden und ihn in eine trockene Papiertüte stecken; nach ein paar Tagen wird durch kräftiges Schütteln eine große Zahl Sporen frei.

Sporen sind viel zu fein, als daß man sie normal abdecken könnte. Stattdessen nimmt man ein Töpfchen sterilisierter Torferde und gießt recht gründlich. Hier ist mehr als bei normalen Sämereien viel Feuchtigkeit wichtig. Man überzeugt sich, daß sich der ganze Topf vollgesaugt hat, dann läßt man das Wasser einige Minuten lang abziehen. Die Sporen sät man aus, indem man sie fein über die Oberfläche verteilt. Es ist praktisch unmöglich, zu dünn auszusäen. Man deckt überhaupt nicht mit Erde ab, sondern legt eine Glasscheibe über den Topf und stellt ihn in einen Untersatz mit Wasser. Unter Umständen zieht man einen undurchlässigen Plastikbeutel über den Topf und stellt diesen ins Wasser. Die meisten Farnsporen brauchen während dieses Lebensabschnittes Schatten; deswegen stellt man den Topf in eine dunkle Ecke (draußen in ein dunkles, kühles Gartenhaus) oder bedeckt ihn dick mit Papier. Wärme ist bei den meisten Arten nicht notwendig.

In den nächsten paar Tagen läßt man den Topf ruhig stehen, auch wenn unter der Scheibe oder im Plastikbeutel Wasser kondensiert. Nach gewisser Zeit erscheint auf der Erde ein feiner, grüner Film und zeigt an, daß einige der Sporen gekeimt haben. Wenn sie einmal mit ihrer Entwicklung begonnen haben, wachsen sie allmählich zu

Samen ernten und lagern

winzigen, rundlichen blattähnlichen Objekten heran, die als Vorkeime die Oberfläche bedecken. Dann entfernt man das Papier und stellt den Topf an einen helleren Ort. Die Glasscheibe bzw. der Plastikbeutel bleiben an ihrem Platz.
Während dieser Zeit darf der Topf auf keinen Fall trocken werden, andernfalls muß man ihn mit allem Drum und Dran bis zur Erdoberfläche ins Wasser tauchen.
Das Vorkeimstadium dauert mehrere Monate; während dieser Zeit braucht man sich um den Topf nicht weiter zu kümmern. Endlich fangen die Vorkeime an, kleine Wedel zu treiben, die genauso aussehen, wie Miniaturausgaben der ausgewachsenen Farne. Sobald eine Anzahl von ihnen erschienen ist, kann man sie, genau wie Sämlinge, herausnehmen und in Töpfen weiterziehen. Man hält sie alle recht feucht und bedeckt sie mit Glas, bis die umgesetzten Pflänzchen sich gut erholt haben.
Manche Gärtner führen das Umpflanzen im Vorkeimstadium folgendermaßen durch: Sie nehmen Flächen von $\frac{1}{2}$ cm^2, die mit Vorkeimen bedeckt sind, heraus, und setzen sie vereinzelt auf die Oberfläche der vorbereiteten Töpfe. Die Wedel, die sich daraus entwickeln, beläßt man dann natürlich an Ort und Stelle.
Obwohl die meisten Farne, die wir ziehen, ziemlich widerstandsfähig sind und niemals Wärme brauchen, ist es oft bequemer, sie drinnen zu ziehen. Ein kalter Keller, ein Gartenhaus oder der hintere freie Raum einer Garage, ist für wachsende Farne gut geeignet. Aus den Sporen, die man in Sommer und Herbst gesammelt hat, kann man innerhalb von achtzehn Monaten Hunderte von Jungpflanzen ziehen.

Es macht Spaß, von eigenen Gartenpflanzen Samen zu sammeln, obwohl die vorhin besprochenen Arten nicht alle sortenecht ausfallen. Manche sind vielleicht auch unfruchtbar und keimen deswegen überhaupt nicht.
Auch wenn sich der Samen als fruchtbar erweist, ist man sich seiner Abstammung nicht immer gewiß. Die herumfliegenden Insekten, die viele unserer Pflanzen bestäuben, bringen auch von weit entfernten Pflanzen Blütenstaub mit. Bei fachgerechter Arbeit gibt man sich viel Mühe, die zufällige Kreuzungsbefruchtung auszuschalten, aber für den Gartenliebhaber ist das kaum möglich. Da man das Ergebnis dieser Aussaaten nicht kennt, reizt es um so mehr, die Arbeit in Angriff zu nehmen.
Als erstes muß man herausfinden, ob die fragliche Pflanze überhaupt jemals fruchtbaren Samen ansetzt. Das bringt man in Erfahrung, indem man die Pflanze in botanischen Sammelwerken, oder in einer Tabelle, wie die im Anhang dieses Buches, nachschlägt. Dann kann man sich u. U. darauf einstellen, die Samen, wenn sie reif sind, auch zu sammeln. Viele Pflanzen, z. B. die Lupine, entwickeln ihre Samen in kleinen Hülsen. Beim Mohn liegen sie in rundlichen Kapseln. Meistens genügt es, die Frucht mit den reifen Samen in eine Papiertüte zu binden. Wenn die Samen voll ausgereift sind, fallen sie in die Tüte. Eventuell kann man die Sprosse auch abschneiden, bevor die Samen ganz reif sind, eine Papiertüte um die Frucht binden und die Sprosse in Wasser stellen. Die Samen reifen dann im Zimmer aus und sammeln sich ebenfalls in der Tüte.
Eine große Anzahl Samen keimt am besten, wenn man sie sofort aussät. Außerdem ist das ohnehin der Augenblick, in dem sie auch in der freien Natur zu Boden fallen würden. Abgesehen davon gibt es viele Pflanzen, die nicht bei uns beheima-

tet sind und deswegen unmittelbar nach ihrer Reife eine gewisse Ruhezeit benötigen. Das trifft besonders für alle jene Pflanzen zu, die aus kalten Ländern oder Hochgebirgsgegenden stammen. Die entsprechenden Informationen muß man sich wiederum aus Büchern oder aus Gesprächen mit erfahrenen Gärtnern holen.
Wenn man sich entschließt, Samen vorübergehend zu lagern, so bewahrt man ihn in jedem Fall besser in Büchsen oder in Glasbehältern als in Tüten auf. Es ist zwar wichtig, lagernden Samen trocken zu halten, aber wenn er seine natürliche Feuchtigkeit verliert, entstehen bei der Keimung Schwierigkeiten. Tüten saugen Feuchtigkeit auf, Büchsen und Flaschen hingegen tun das nicht.
Daheim gesammelte Sämereien sind im wesentlichen die gleichen, wie die erwerbsmäßig erzeugten. Der Liebhaber tut sich nur mit der Lagerung oft schwer.
Wenn man also die Wahl hat, soll man immer unmittelbar nach der Ernte aussäen. Abgesehen davon, verfährt man mit diesen Samen genauso wie mit jenen aus dem Handel. Dabei wendet man jene Methoden an, die auf S. 59 ff erläutert werden.

1

2

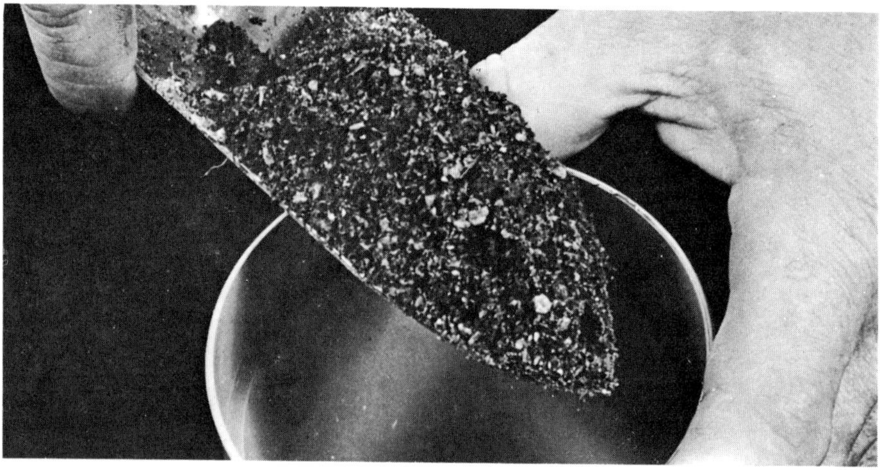

Zweckmäßiges Ein- und Umtopfen

Welche Vermehrungsmethode man auch anwendet, man ist immer wieder aufs Umtopfen angewiesen. Besonders bei Pflanzen, die unter Glas gezogen werden, ist das erforderlich. Man sollte der Art und Weise, wie man den Topf mit Erde füllt, besondere Aufmerksamkeit schenken. Das schlimmste, was man einer Jungpflanze antun kann ist, sie in einen Topf ohne angemessene Drainage zu pflanzen. Die Pflanze verträgt sehr viel, nur keine verschlämmte Erde an ihren Wurzeln. Deswegen müssen wir uns zunächst überzeugen, daß das Wasser durch die Abzugslöcher unten im Topf gut ablaufen kann. Außerdem müssen wir der Erde Luft zuführen. Die Erde darf sich nicht so stark absetzen, daß sie eine feste Masse bildet. Andrerseits darf sie nicht so locker sein, daß die Wurzeln mit den Erdteilchen nicht in Berührung kommen.
Glücklicherweise kann man allen diesen Erfordernissen nachkommen, wenn man sich beim Füllen der Töpfe und Kistchen eine einfache Arbeitsmethode aneignet. In allen Fällen ist die Verwendung gut gemischter Erde vorauszusetzen.

1 Zunächst schüttet man eine kleine Menge sauber gewaschener Kieselsteine in den Topf. Früher empfahl man zu diesem Zweck Topfscherben. Da jetzt aber der Plastiktopf üblich ist, hat man nur selten Scherben vorrätig. Mit Steinchen lassen sich gute Ergebnisse erzielen, man muß sie aber vorher gut waschen. Wenn wir besonders wertvolle Pflanzen ziehen müßten, würden wir die Kiesel zweckmäßigerweise sogar einige Minuten lang kochen, um eventuelle Krankheitskeime abzutöten.
2 Man füllt den Topf gehäuft mit der richtigen Erde. Sie sollte auch grobe, nicht nur feine Bestandteile enthalten.
3 Mit einem Brettchen entfernt man die überschüssige Erde.

3

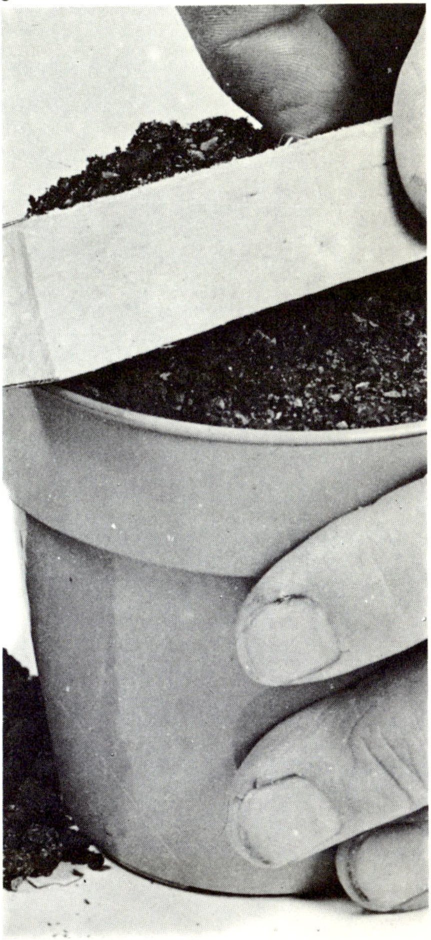

4 Dann stößt man den Topf zwei- oder dreimal fest auf eine feste Unterlage. Dadurch setzt sich die Erde um etwa 1 cm und es entsteht ein idealer Grießrand.
5 Wenn man glaubt, eine Pflanze sei für ihren Topf zu groß geworden und müsse deswegen umgesetzt werden, so überprüft man zunächst welchen Raum ihre Wurzeln einnehmen. Dazu stützt man mit einer Hand die Pflanze, . . .
6 . . . dreht dann den Topf um und stößt ihn schließlich mit dem Rand leicht gegen irgendeine Kante. Der Wurzelballen rutscht in die Hand.

4

5

6

7 Nun kann man ohne weiteres nach den Wurzeln sehen. In diesem Fall erscheinen sie noch nicht auf der Außenseite des Ballens. Die Pflanze kann also noch für eine gewisse Zeit in den alten Topf zurückgesetzt werden.
8 In diesem Fall jedoch haben die Wurzeln keine Möglichkeit mehr, sich weiter auszubreiten. Die Pflanze sollte deshalb einen größeren Topf erhalten.

9 In den neuen Topf gibt man zunächst Dränagematerial und darüber etwa 2–3 cm Erde. Auf diese Unterlage stellt man den Wurzelballen der Pflanze und füllt nun den bis zur Topfwand verbleibenden Raum mit weiterer Erde. Man sollte nicht zu locker eintopfen, da sonst das Gießwasser nur in der neuen Erde durchläuft und die inneren Wurzeln nicht erreicht. Die Wurzeln können vor dem Eintopfen auch gelockert werden, so daß sie gleich in die neue Erde hineinragen – aber das ist nicht unbedingt erforderlich.

7

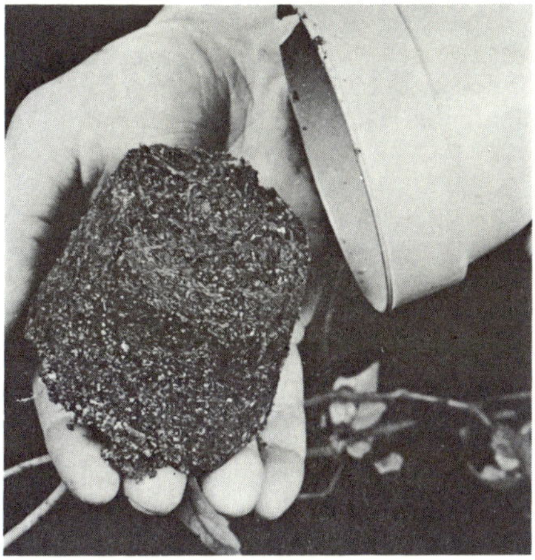

9

8

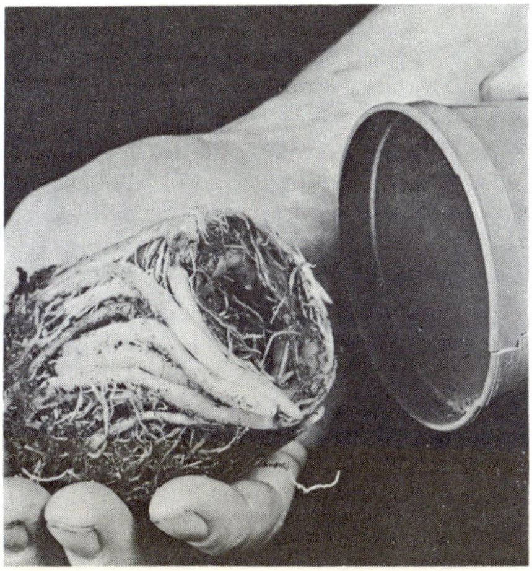

Veredeln

Allgemeines

Als Veredeln bezeichnet man das Zusammenfügen eines abgeschnittenen Triebes und einer Pflanze mit bewurzeltem Trieb. Für das Veredeln gibt es im allgemeinen zwei Gründe:
Erstens kann man auf Wuchsform, Lebenskraft und Krankheitsresistenz der Pflanzen Einfluß nehmen. Kräftigen, weniger empfindlichen Pflanzen (evtl. sogar Wildformen, z.B. bei der Rose) werden wertvolle Sorten aufgepfropft, die meist empfindlicher sind und selbständig weniger gut gedeihen würden. Im Obstbau wendet man die Veredelungsmethode gewöhnlich dazu an, um Bäume von geringerer Größe zu erzeugen, die leichter zu handhaben sind, oder auch zur Erzeugung eines reicheren Fruchtansatzes besserer Qualität.
Zweitens kann man den Pflanzenbestand rasch vergrößern. Es besteht die Möglichkeit, jede einzelne Blattknospe eines ausgewählten Strauches auf eine gewöhnliche Sorte zu übertragen und so einen großen Bestand besserer Sorten herzustellen. Die Übertragung von Rosenknospen (Augen) auf wilde Rosenstöcke ist die Methode, fachgerecht Buschrosen zu produzieren. Ähnlich kann man bei Clematis, Äpfeln, Blütenkirschen und vielen anderen Pflanzen vorgehen.
Das Prinzip der Veredelung ist einfach. Wachstum und Entwicklung der meisten Pflanzen finden hauptsächlich in einer Zellschicht, der bereits genannten Kambiumschicht statt, die unmittelbar unter der grünen, saftigen Rinde der Triebe liegt. Deshalb fügt man beim Veredeln die Schnittstellen so zusammen, daß sich die Kambiumschichten möglichst großflächig berühren und miteinander verwachsen können.
Um eine echte und dauerhafte Einheit zu bilden, müssen die Pflanzen allerdings ziemlich eng verwandt sein. Eine Rose kann man leicht auf eine andere übertragen. Pflaume, Kirsche und Pfirsich kann man auch ziemlich leicht aufeinander übertragen, da sie der gleichen Familie entstammen. Es wäre aber unmöglich, einen Apfel erfolgreich auf eine Weide zu pfropfen.
In Zeitschriften liest man gelegentlich von Fällen, in denen in der freien Natur Bäume gefunden wurden, die offensichtlich aus völlig verschiedenen Arten zusammengepfropft sind. Man findet z.B. einen Bergahorn, der fest mit einer Buche verwachsen ist. Das hat aber nichts mit einer Pfropfung zu tun. Viel wahrscheinlicher ist folgendes: Vor mehreren Jahren hat ein Samenkorn eines Baumes in der rissigen Rinde eines anderen Baumes gekeimt. Da Schmutz in der Rinde war, wächst ein Sämling heran und treibt seine Wurzeln durch die verhältnismäßig poröse Rinde seines Wirtes. Am Ende erreicht er auch den Boden. Das Ergebnis sind zwei Bäume, die fest zusammengewachsen sind. Allerdings besitzt jeder Baum sein eigenes Wurzel-, Sproß- und Blattsystem. Sie sind also ineinander verschlungen, bilden aber keine Einheit im Sinne einer Veredelung.
Veredelungen kommen jedoch in der Natur vor, wenn die Zweige zweier gleicher Bäume sich berühren und gegeneinander reiben. Dadurch wird die Rinde zerstört und ein Aufeinanderliegen der Kambiumschichten bewirkt. Im Laufe der Zeit entsteht eine natürliche Veredelung.
Eine besondere Veredelungsart ist die sogenannte Ammenveredelung: Man wendet sie zur Pflanzenvermehrung, z.B. bei der beliebten Clematis an, die oftmals als von der Wurzel geschnittener Steckling schlecht gedeiht. Deswegen überträgt man ein Auge der gewünschten Sorte auf die wilde *Clematis vitalba.* Innerhalb kurzer Zeit beginnen an der Veredelungsstelle Wurzeln auszutreiben. Im Laufe der Zeit,

im allgemeinen innerhalb eines Jahres, stirbt der Wurzelstock der ursprünglichen Wirtspflanze ab und dann besteht die ganze Pflanze nurmehr aus der edlen Sorte.

Im Gartenbau spricht man von verschiedenen Veredelungsarten: Sattelkopulation, Spaltpfropfen, Okulation usw. Die Grundtechnik ist in Wirklichkeit aber bei allen stets die gleiche. Die Namen bezeichnen für gewöhnlich nur die besondere Art und Weise, in der die Unterlage beschnitten wird, um mit dem Edelreis zusammenzupassen.

Die Sattelkopulation führt man durch, indem man oben auf der Unterlage einen »Sattel« schafft; das Edelreis wird diesem entsprechend angepaßt.

Beim Spaltpfropfen wird ein Spalt in die Unterlage geschnitten und das Edelreis so hineingesteckt, daß es möglichst eng sitzt.

Als Okulation bezeichnet man folgendes: Ein Auge des Edelreises wird in einen Schlitz, den man in die Rinde der Unterlage geschnitten hat, eingesetzt.

Wenn man die Teile zusammengefügt hat, müssen sie gewöhnlich eine Zeitlang fest zusammengehalten werden, bis die Einheit ganz vollzogen ist. Das geschieht im allgemeinen durch Umwickeln mit Draht, Bast oder Band. Doch hier muß ein warnendes Wort ausgesprochen werden: Wenn Edelreis und Unterlage anfangen zusammenzuwachsen, vergrößern beide häufig ihren Umfang und die Binde muß gelockert oder entfernt werden. Sonst würde sie nämlich die Pflanze bald abwürgen. Oben über die Binde wird oft Baumwuchs gestrichen, um Luft und Wasser von der Pfropfstelle abzuhalten.

Bevor man eigenhändig mit der Veredelung beginnt, soll man einen Blick auf bekanntes, veredeltes Material im Garten werfen. Am unteren Teil einer gewöhnlichen Buschrose entfernt man die Erde. An der obersten Stelle des Wurzelsystems findet man gewöhnlich den kurzen »Zapfen« des alten, abgeschnittenen Triebes. Unmittelbar darüber erkennt man die Basis der Haupttriebe mit dem blühenden Teil der Pflanze. Diese Triebe haben sich aus den Augen entwickelt, die auf den »Zapfen« gesetzt worden waren. Der Trieb aus dem Wurzelstock wird nach der Veredelung immer gerade über den Knospen abgeschnitten, damit durch die Wurzeln Nahrung zu dieser Stelle fließen kann.

Betrachten wir als nächstes eine hochstämmige Rose. An der Krone des Bäumchens befinden sich drei oder vier Zweige der Edelrose. Sie sind aus Augen getrieben, die in der Baumschule dorthin gesetzt wurden.

Bei vielen Kirschen kann man am Ende des Hauptstammes einen Ring in der Rinde erkennen. Das zeigt an, daß die Krone der Kirsche auf einen unedlen Stamm gesetzt worden ist. Augen oder Reiser wurden auf das abgesägte Stammende übertragen. Mit der Zeit werden die Reiser so dick wie der Stamm, der Ring an der Verbindungsstelle bleibt jedoch sichtbar.

Die Veredelung wird in großem Ausmaß zur Erzeugung von Obstbäumen angewandt. In diesem Fall erfordert das Veredeln jedoch so viel Geschick beim Zusammenfügen von Edelreis und Unterlage, daß Hobbygärtnern abgeraten werden muß, sie zu erproben. Im allgemeinen handelt es sich ohnehin um nicht mehr als ein oder zwei Obstbäume für den eigenen Garten und diese kauft man am besten in der Baumschule.

Veredeln von Clematis

1 Eine junge, aber ausgewachsene Pflanze schneidet man etwa fünf Zentimeter über ihrer Wurzelkrone ab. Wenn die Pflanze nur ein junger Sämling ist, schneidet man den Trieb genau unter dem ersten Blattpaar ab.
2 An diesem Trieb muß man ein »Bett« schaffen, auf dem das Auge des Edelreises liegen wird. Man entfernt auf etwa zwei bis drei Zentimeter Länge ein Drittel der Triebdicke.

Clematis oder Rosen kann man ziemlich einfach selbst veredeln. Die Erfolgsrate liegt vielleicht nicht immer sehr hoch; da man aber wenig Material dazu braucht, und das Ganze nicht viel Arbeit macht, ist ein Versuch der Mühe wert. Betrachten wir also zunächst, wie man die Clematis veredelt. Man nimmt Augen und setzt diese auf die bekannte wilde *Clematis vitalba* (Waldrebe), die man im Handel beziehen oder wildwachsend in Wäldern finden kann.
Wenn die Pflanzen später an einem windigen Ort stehen, sollte man den wachsenden Trieb anstäben, um ein Abreißen von der Unterlage zu vermeiden.

1

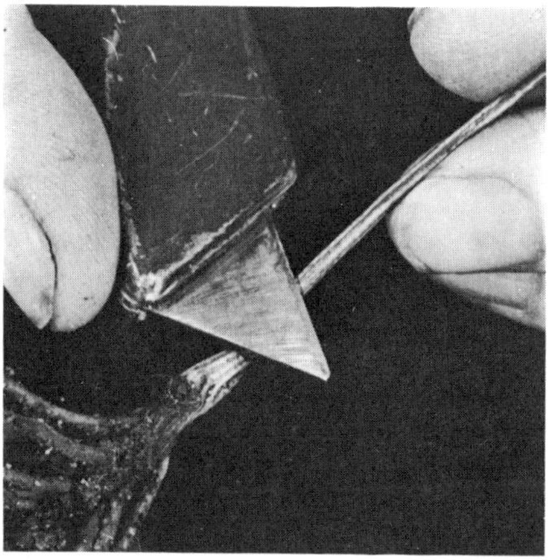

Clematis

2

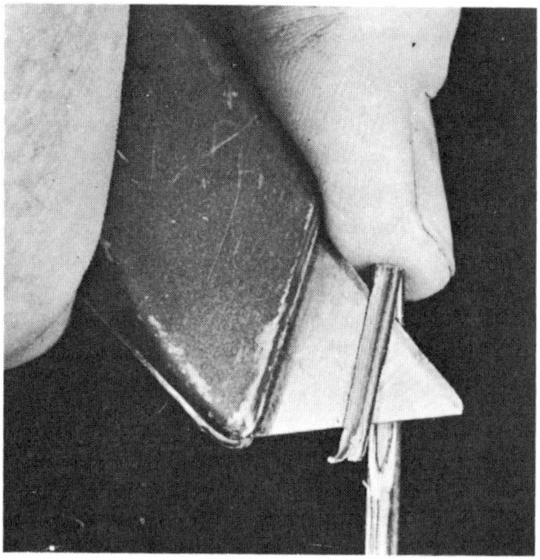

3 Die Augen zum Veredeln scneidet man von ausgewählten Mutterpflanzen, und zwar knapp zweieinhalb Zentimeter lang. Man schneidet die Augen so, daß sie auf das »Bett« passen, das man durch das Zuschneiden der Unterlage geschaffen hat.

4 Man preßt das Auge an die rechte Stelle und bindet es mit befeuchtetem Bast sauber fest. Das Auge, das man in der Blattachsel sieht, muß unbeschädigt sein und freiliegen. Aus diesem Auge entspringt der neue Trieb.

5 Man pflanzt die Unterlage in einen 8-cm-Topf. Das Auge soll genau an der Oberfläche der Erde oder etwas darüber liegen. Den Topf stellt man einige Tage an einen warmen, schattigen Platz. Mit fortschreitendem Wachstum gibt man der Pflanze dann mehr Licht. Man achte darauf, daß man die Clematis in diesem Stadium nicht zu sehr, evtl. sogar überhaupt nicht gießt, bevor deutlich erkennbares Wachstum einsetzt. Das beugt auch Pilzerkrankungen vor.

3

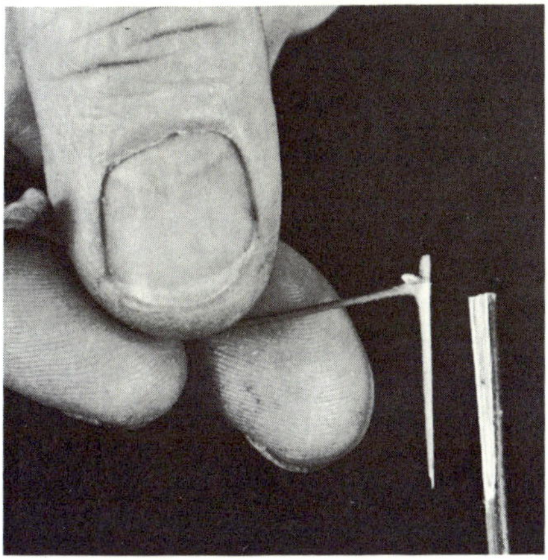

4

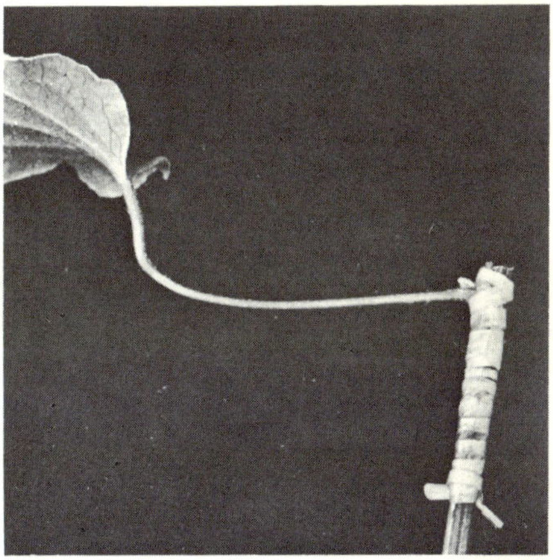

5

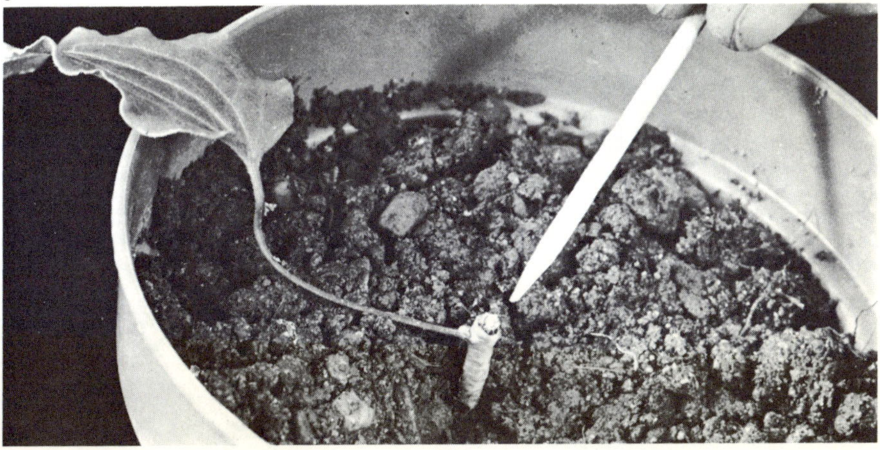

Okulation von Rosen

Die Vermehrung der Rosen durch Okulation ist eine der lohnendsten Gartenbeschäftigungen und wirklich verhältnismäßig leicht durchzuführen. Man kann geeignete Rosen ziemlich billig in Baumschulen kaufen oder, falls man Lust dazu hat, sich wilde Rosenstöcke besorgen.

Das Prinzip des Okulierens besteht in der Übertragung einer Knospe, die zwischen Stamm und Blattachsel eines ausgewachsenen Blattes ruht. Schneidet man dieses Auge heraus und bettet es an einer Wildpflanze unter die Rinde ein, wächst es dort weiter. Hat es einmal mit seiner Entwicklung begonnen, so schneidet man den oberen Teil der Wildpflanze unmittelbar über der Knospe ab. Die verbleibende Pflanze besteht aus dem Wurzelstock der Wildpflanze, aus dem sehr kurzen Veredelungszapfen und aus Haupttrieb und Blüten der Edelsorte.

Das ist alles an und für sich nicht schwierig, bedarf aber dennoch einer gewissen Übung und Fingerfertigkeit.

Üblicherweise setzt man auf jede Buschrose zwei Augen und auf die Triebe für die langen, hochstämmigen Rosen drei Augen. Dies ist eine Vorsichtsmaßnahme

für den Fall, daß ein Auge nicht ansetzt. Außerdem dient es einer schnelleren Entwicklung.
Als Hochstämme wählt man gerade, bis zu einem Meter lange Triebe von *Rosa rugosa,* die gewöhnlich einen Zentimeter dick sind. Man überträgt die Augen genauso wie bei buschigen Pflanzen. Als Höhe bemißt man 90 cm bis 1,20 m vom Boden aus. Wenn die Knospen sich entwickeln, schneidet man die Spitze des hohen Stammes ab.
Die Augen zur Okulation schneidet man immer vom mittleren Teil eines kräftigen, ausgewachsenen, vorzugsweise abgeblühten Triebes. Im allgemeinen schneidet man sie Ende Juni oder im Laufe des Juli, nachdem es geregnet hat, oder nachdem man am vorigen Abend kräftig gegossen hat. Damit sich die Rinde voll Saft saugt, wässert man auch die Unterlage. Auf diese Weise erleichtert man bei der Okulation die Vorarbeit.

1 Den Trieb für die Knospenentnahme schneidet man ab und stellt ihn in Wasser. Nachdem man die Überbleibsel der Blüte entfernt hat, schneidet man alle Blätter ab. Nur die kleinen »Flügel« an der Basis beläßt man. Die benötigten Augen findet man an jeder Verbindungsstelle zwischen Blatt- und Haupttrieb, der sogenannten Blattbasis.
2 Als nächstes nimmt man, etwa zweieinhalb Zentimeter unterhalb des Blattansatzes, einen Schnitt vor, dessen Tiefe etwa ein Drittel der Triebdicke betragen soll. Etwa zweieinhalb Zentimeter oberhalb des Auges zieht man die Klinge wieder heraus.
3 Unmittelbar hinter dem Auge befindet sich ein dünner Streifen vom helleren, harten Holz des Triebes. Auge und Holzteil werden voneinander getrennt: mit einem leichten Ruck reißt man beide auseinander.

1

2
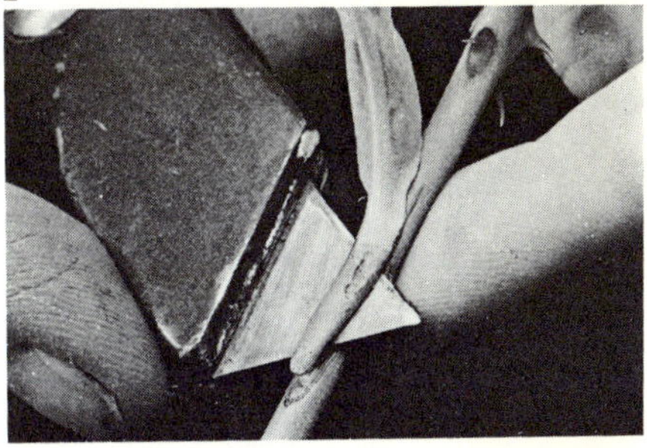
3
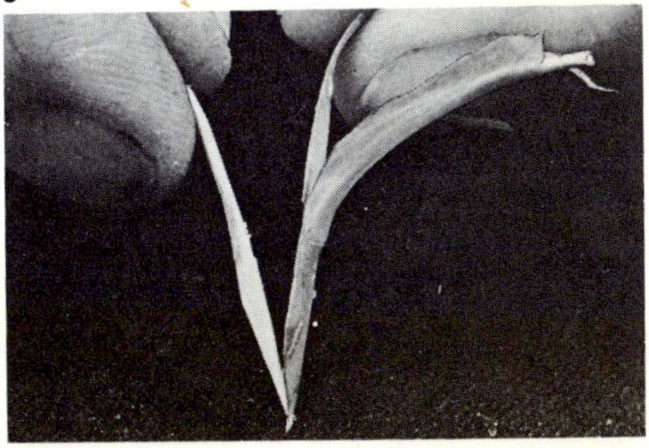

4 Manchmal wird beim Entfernen des inneren Holzteils das Zentrum des Auges selbst mit herausgerissen. Wenn das passiert, erscheint an der Blattbasis ein winziges Loch. Solch ein Auge ist für die Veredelung nutzlos; man sollte es wegwerfen. Wenn man das Holz entfernt hat, soll das Auge von der Rückseite her als rundliche, gewölbte Fläche erscheinen.
5 Auf keinen Fall fürfen die Augen in der Zeit zwischen dem Schnitt und der eigentlichen Übertragung austrocknen. Man legt sie in Wasser oder packt sie in weiches, nasses Moos.

6 Der Durchmesser der Unterlage kann ein paar Millimeter bis zu einem Zentimeter betragen. In Erdhöhe oder etwas darüber (bei Buschrosen) oder aber 90 cm bis 1,20 m über der Erdoberfläche (bei Hochstammrosen) macht man in die *äußere* Rinde einen T-Schnitt. Der waagrechte Schnitt für das »T« befindet sich unmittelbar am oberen Ende des senkrechten Schnittes, dessen Länge etwa fünf Zentimeter beträgt. Um in die äußere Rinde einzuschneiden, benützt man die Spitze eines Messers oder die spezielle Elfenbeinklinge eines geeigneten Okuliermessers.
7 Man löst die Rinde vorsichtig ab und legt auf diese Weise die darunterliegende, feuchte Kambiumschicht frei.

4

5

6

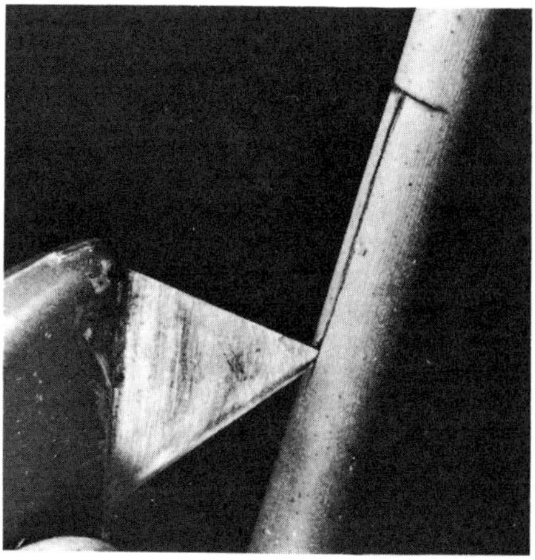

7

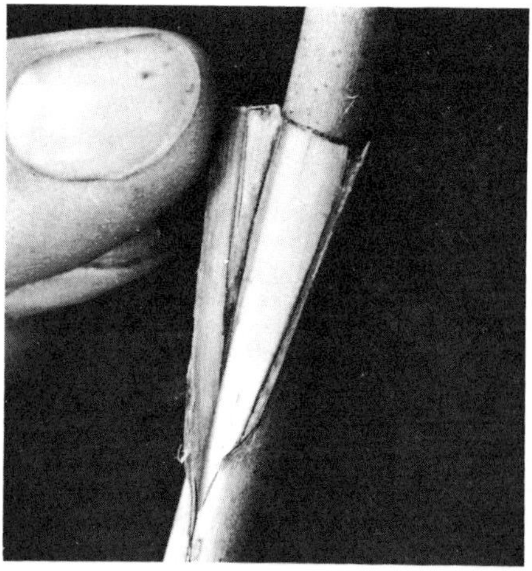

8 Das nach oben gerichtete Auge schiebt man vorsichtig auf die feuchte Kambiumschicht.
9 Den unteren Teil der Knospe schiebt man unter den abgehobenen Teil der Rinde, das obere Ende unter das »Kreuz« des ursprünglichen T-Schnittes. Alles, was über den T-Schnitt hinausragt, schneidet man ab. Die beiden Lappen des T-Schnittes kann man über das Auge legen. Auf diese Weise bekommt es oberhalb und unterhalb der Blattbasis einen festen Halt. Das Auge an der Blattbasis bleibt frei, so daß es durch den verbleibenden Schlitz hindurchwachsen kann.
10 Oberhalb und unterhalb der Knospe verbindet man mit Bast. Für die Veredelung von Buschrosen ist dieses Material gut geeignet; denn es verrottet im Boden allmählich, und man braucht sich dann nicht mehr darum kümmern. Bei hochstämmigen Rosen muß der Bast, sobald sich das Auge weiterentwickelt, entfernt werden, da er andernfalls u. U. den Saftfluß abschnürt. Heutzutage kann man zum Okulieren auch Spezialklammern kaufen, mit denen man die Veredelung festklemmt und die bei zunehmender Triebdicke einfach abfallen. Sie sind überaus praktisch.
11 Bis zum folgenden Frühjahr läßt man Edelreis und Unterlage ungestört. Dann schneidet man unmittelbar vor Wachstumsbeginn den oberen Triebteil der Unterlage ab, und zwar direkt über den Augen. Somit treiben nur sie (und nicht der Wildling) aus.

8

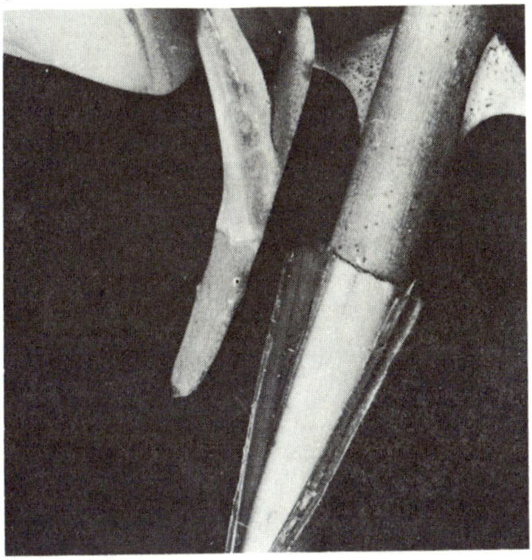

9

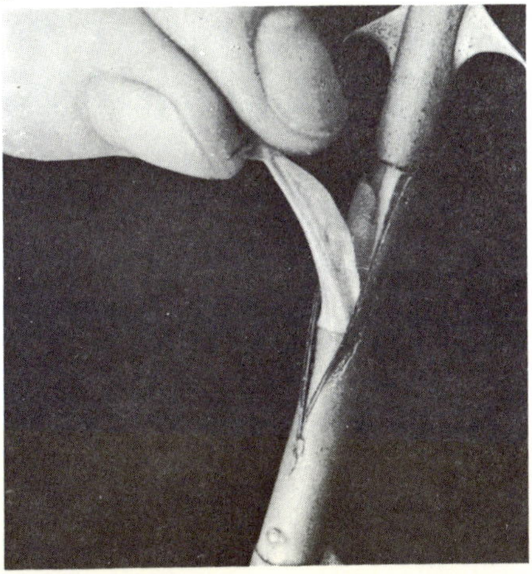

10

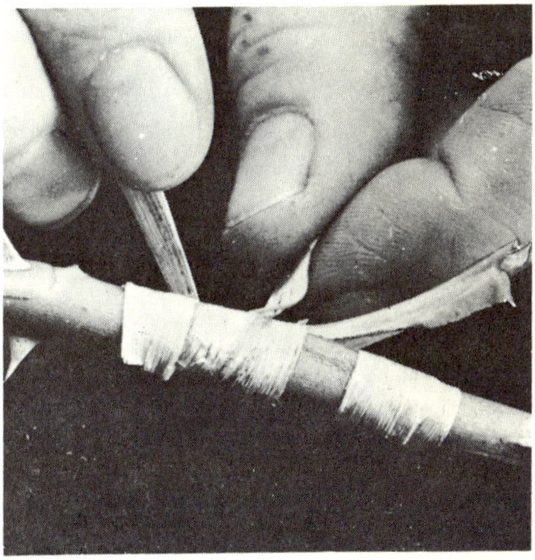

11

Viele veredelten Rosen machen im ersten Jahr Anstalten zum Blühen; im allgemeinen ist es aber ebenso gut, das zu verhindern. Für jede Pflanze bedeutet das Blühen eine größere Anstrengung und diese geht hier auf Kosten des Aufbaus eines kräftigen Wurzel- und Sproßsystems. Besser ist es also, ein Blühen im gleich darauffolgenden Jahr zu verhüten. Innerhalb von zwei Jahren kann man dann leicht eine hohe Anzahl Buschrosen erzeugen.

12 13 Beim Okulieren an der Spitze von Rosenbäumchen läßt man zwei bis drei Zweige stehen und setzt die Augen auf deren unteren Teil oder (insbesondere wenn man eine *Rosa rugosa* als Unterlage benutzt) auf den Haupttrieb selbst. Im nächsten Frühjahr schneidet man die Zweige der Unterlage über den Augen ab. Sie selbst wachsen dann genau wie bei den Buschrosen weiter.

14 Bei Hochstämmen ist es wichtig, ihnen durch kräftige Stäbe Halt zu geben, wenn sich die langen Triebe im Wind biegen. Die Augen könnten sonst, besonders in den ersten achtzehn Monaten, leicht herausgerissen werden.

12

13

14

Schluß

In diesem Buch haben wir die meisten Methoden behandelt, die man daheim für die Vermehrung von Gartenpflanzen erfolgreich anwenden kann. Es bleibt noch eine wichtige Frage offen: Welche Methode für welche Pflanze?

Die große Mehrheit der Gartenpflanzen könnte man z.B. durch gewöhnliche Stecklinge vermehren. Eine sehr große Anzahl könnte genauso gut durch Absenker vermehrt werden und fast alle durch Samen. Die Erfolgsraten dieser Methoden und die Schwierigkeiten dabei sind jedoch bei jeder Pflanzenart verschieden. Ebenso variiert auch der persönliche Erfolg eines jeden Gärtners wie klimatischen Bedingungen von Gebiet zu Gebiet verschieden sind. Selbst in der Fachwelt unterscheiden sich die Vermehrungsmethoden der einzelnen Baumschuler.

Die nachfolgende Tabelle stellt eine einfache Anleitung dar. Sie soll bei der Wahl von Vermehrungsmethoden behilflich sein, die mit großer Wahrscheinlichkeit im eigenen Garten Erfolg bringen. Was hier ausgesucht wurde, sind nicht unbedingt die Methoden, die auch der Fachmann anwendet, vielmehr sind es Methoden, die für den Liebhaber geeignet sind, der ohne teure Ausrüstung dieser Arbeit als Neuling gegenübersteht.

Der Sinn der Tabelle besteht auch nicht darin, andere bekannte Methoden als nicht empfehlenswert darzustellen. Aber wir hielten es für richtig, nur das anzuführen, was sich unserer Erfahrung nach als wirklich verläßlich erwiesen hat. Wenn die eine Methode nicht anschlägt, kann man es in jedem Fall mit einer anderen versuchen. Beim »Gärtnern« läßt sich kaum etwas verallgemeinern. Man benutze die Tabelle einstweilen nur als vorläufige Anleitung, ohne sich die Lust am Experimentieren nehmen zu lassen, denn das ist ja gerade das Interessanteste dabei.

Um die Tabelle benutzen zu können, muß man die einzelnen Pflanzennamen kennen. Das ist nicht so leicht, wie es klingt. Durch internationale Übereinkunft wurden fast auf der ganzen Welt lateinische Namen festgelegt, so daß ein Baumschuler aus Japan bequem mit einem Gärtner aus Frankreich oder Deutschland korrespondieren kann: Er bezeichnet die einzelne Pflanze mit ihrem lateinischen Namen und wird damit verstanden. Aus diesem Grund gebraucht man in Fachbüchern und Listen wie der unserigen, die lateinischen Bezeichnungen. Aber viele beliebte Pflanzen kennt man ohnehin von ihren lateinischen Namen her.

Im nachstehenden Verzeichnis sucht man den lateinischen Namen der jeweiligen Gartenpflanze auf. Man muß allerdings in Erwägung ziehen, daß es für eine bestimmte Pflanze vielleicht mehrere deutsche Namen gibt. Viele Gebiete haben für Blumen örtlich unterschiedliche Spezialnamen. Falls die Pflanze unter einem der bekannten Namen in der Liste nicht erscheint, schlage man eine andere gebräuchliche Bezeichnung nach. Hat man den lateinischen Namen gefunden, wende man sich der Tabelle zu. Man sucht den lateinischen Namen und findet zur Überprüfung in der nächsten Spalte den gebräuchlichen deutschen Namen. Darauf folgen kurze Tips zur Methode, die wir am ehesten empfehlen, zur Jahreszeit, in der die Arbeit am besten in Angriff genommen wird und in der letzten Spalte zusätzliche Hinweise.

Es handelt sich hierbei ausschließlich um Methoden, die wir in diesem Buch bereits erläutert haben. Sie sind nicht unbedingt in der Reihenfolge ihrer Wirksamkeit aufgeführt. Man probiere sie zunächst aus, bevor man sich anderen zuwendet.

Unter »Jahreszeit« weisen wir auf Frühjahr, Sommer, Herbst oder Winter hin. Dies

sind jedoch sehr dehnbare Begriffe. Man kann nicht mit dem Kalender in der Hand »gärtnern«. In einem Landstrich kommt der Frühling eher als im anderen. Bestimmte Jahre können übermäßig warm oder kalt sein. Die genaue Vermehrungszeit ist also eine Ermessensfrage. Deshalb haben wir in den meisten Fällen keine bestimmten Monate aufgeführt.
In der letzten Rubrik, den »Bemerkungen«, benutzen wir manchmal die Begriffe »Kasten«, »kalter Kasten« oder »geschlossen halten«. Diese Begriffe bedeuten einfach, daß man mit bestimmten Pflanzen am meisten Erfolg hat, wenn man ihnen in den Frühstadien besonderen Schutz bietet.
Mit »Kasten« meinen wir einen Frühbeetkasten im Garten, der warm gehalten werden kann. Mit »kaltem Kasten« bezeichnen wir einfach einen Glasschutz, jedoch ohne jede künstliche Wärme. Mit »geschlossen halten« wollen wir sagen, daß die Jungpflanze in einer möglichst feuchten Atmosphäre gehalten werden sollte.
Abschließend folgt eine Aufstellung einjähriger und zweijähriger Pflanzen und ihrer Aussaat-Zeiten.
Nun zu guter Letzt noch eine Empfehlung: Arbeitet man mit Jungpflanzen, die offenbar gut wachsen, so lasse man sie ungestört. Man sollte ihre Pflege und ihre Umweltbedingungen möglichst gar nicht und, wenn überhaupt, dann nur sehr allmählich ändern. Jede Veränderung muß bei Pflanzen allmählich geschehen, nichts darf dabei überstürzt werden.
Wenn die Pflanzen andererseits sehr »kümmern«, und man dafür den Grund nicht finden kann, muß man die Bedingungen, unter denen sie wachsen, untersuchen. Die Pflanze besitzt Regenerationskräfte, die ans Wunderbare grenzen. Aber auch der Berufsgärtner hat, selbst unter den idealsten Bedingungen, nicht unbedingt immer hundertprozentige Erfolge zu verzeichnen. Man kann nicht erwarten, daß jeder Same, den man auslegt, jede Veredelung, die man macht, oder jeder Steckling, den man schneidet, eine erstklassige Pflanze hervorbringt.
Man überprüfe die notwendigsten Grundbedingungen:
Kann die Pflanze ihrem Boden genug Feuchtigkeit entnehmen, um ihre Blätter zu versorgen? Oder ist – was häufig genug vorkommt – so viel Wasser im Boden, daß die Pflanze wegen Luftmangels an den Wurzeln zu ersticken droht?
Hat die Pflanze sowohl an ihren Wurzeln als auch in der Umgebung ihrer Blätter genügend Luft?
Erhält sie zuviel oder zuwenig Wärme? Man rufe sich dabei die Pflanzenart und deren Ursprungsart in Erinnerung! Sogar winzige Sämlinge können im allgemeinen schon genauso wie ihre Eltern behandelt werden, ohne sie erst zu verzärteln.
Bekommt die Pflanze genug Licht, damit ihre Blätter den ganzen Tag über arbeiten können, oder erleidet sie womöglich in der Mittagssonne Verbrennungen?
Enthält die Erde genug oder gar zuviel Nährstoffe? Krankheitsbefall zeigt sich durch farbige oder sich schwärzende Stellen und Flecke; die Triebe faulen oder fallen um. Wenn dies der Fall ist, reißt man solche Verlustpflanzen sofort, noch ehe sich die Krankheit weiter ausbreitet, heraus. Frische Luft und Sonne genügen den übrigen Pflanzen häufig zur Heilung.
Wenn auch einige Versuche fehlschlagen, so ist die Zahl der Pflanzen, die man glücklich hervorbringt, dennoch beträchtlich und wird bei jedem neuen Versuch größer sein. Wenige Dinge bringen soviel Befriedigung wie die Vermehrung von Pflanzen im eigenen Garten und die Beobachtung ihres Wachstums. Wir hoffen, daß das vorliegende Buch zu dieser Freude beitragen wird.

Alphabetisches Verzeichnis deutscher Pflanzennamen und der entsprechenden botanischen Bezeichnungen

Pflanzennamen, die im Lateinischen und Deutschen sehr ähnlich klingen (z.B. *Rudbeckia* = Rudbeckie) wurden hier der Einfachheit halber weggelassen.

Ahorn *(Acer)*
Akelei *(Aquilegia)*
Alpenbalsam *(Erinus)*
Alpenglöckchen *(Soldanella)*
Amberbaum *(Liquidambar)*

Bärenohr *(Arctotis)*
Bärentraube *(Arctostaphylos)*
Ballonblume *(Platycodon)*
Bartblume *(Caryopteris)*
Bartfaden *(Penstemon)*
Baumwürger *(Celastrus)*
Beifuß *(Artemisia)*
Berberitze *(Berberis)*
Berufkraut *(Erigeron)*
Binsenlilie *(Sisyrinchium)*
Bitterwurz *(Lewisia)*
Blasenbaum *(Koelreuteria)*
Blaublume *(Cyananthus)*
Blaukissen *(Aubrieta)*
Blaustern *(Scilla)*
Blumenbinse *(Butomus)*
Brandkraut *(Phlomis)*
Brennende Liebe *(Lychnis chalcedonica)*
Brombeere *(Rubus)*
Bunge *(Ceratostigma)*
Buschwindröschen *(Anemone nemorosa)*
Buxbaum *(Buxus)*

Chinaschilf *(Miscanthus)*
Christrose *(Helleborus niger)*

Diptam *(Dictamnus)*
Dotterblume *(Caltha)*
Dreimasterblume *(Tradescantia)*

Edeldistel *(Eryngium)*
Edelwicke *(Lathyrus odoratus)*
Efeu *(Hedera)*
Ehrenpreis *(Veronica)*
Eibisch *(Hibiscus)*
Eisenhut *(Aconitum napellus)*
Elfenblume *(Epimedium)*
Engelszunge *(Houstonia)*
Enzian *(Gentiana)*
Erbeerbaum *(Arbutus)*

Fackellilie *(Kniphofia)*
Federbuschstrauch *(Fothergilla)*
Felberich *(Lysimachia)*
Felsenbirne *(Amelanchier)*
Felsennelke *(Tunica)*
Fetthenne *(Sedum)*
Fingerhut *(Digitalis)*
Fingerkraut *(Potentilla)*
Flammenblume *(Phlox)*
Fleißiges Lieschen *(Impatiens)*
Frühlingsknotenblume *(Leucojum)*
Funkie *(Hosta)*

Gänseblümchen *(Bellis)*
Gänsekresse *(Arabis)*
Gamander *(Teucrium)*
Gartenfuchsschwanz *(Amaranthus)*
Gauchheil *(Anagallis)*
Gauklerblume *(Mimulus)*
Gedenkemein *(Omphalodes)*
Geißbart *(Aruncus)*
Geißklee *(Cytisus)*
Gelenkblume *(Physostegia)*
Gemskresse *(Hutchinsia)*
Gemswurz *(Doronicum)*
Gewürzstrauch *(Calycanthus)*
Ginster *(Genista)*
Glanzmispel *(Photinia)*
Glockenblume *(Campanula)*
Glöckel *(Cortusa)*
Glyzine *(Wisteria)*
Götterbaum *(Ailanthus)*
Goldlack *(Cheiranthus)*
Goldrute *(Solidago)*
Goldtropfen *(Onosma)*
Graslilie *(Anthericum)*
Grasnelke *(Armeria)*

Hahnenfuß *(Ranunculus)*
Hahnenkamm *(Celosia)*
Hartriegel *(Cornus)*
Haselnuß *(Corylus)*
Hauswurz *(Sempervivum)*
Hecktkraut *(Pontederia)*
Heckenkirsche *(Lonicera)*
Heiligenkraut *(Santolina)*
Helmkraut *(Scutellaria)*
Herbstzeitlose *(Colchicum)*
Hirschkolbensumach *(Rhus typhina)*
Holunder *(Sambucus)*
Hornkraut *(Cerastium)*
Hortensie *(Hydrangea)*
Hundskamille *(Anthemis)*
Hundszahn *(Erythronium)*
Hungerblümchen *(Draba)*

Igelginster *(Erinacea)*
Igelpolster *(Acantholimon)*
Immergrün *(Vinca)*
Inkalilie *(Alstroemeria)*

Johannisbeere *(Ribes)*
Johanniskraut *(Hypericum)*
Jungfernrebe *(Parthenocissus)*

Kaiserkrone *(Fritillaria imperialis)*
Kalmus *(Acorus)*
Kamelie *(Camellia)*
Kamille *(Matricaria)*
Katzenminze *(Nepeta)*
Katzenpfötchen *(Antennaria)*
Klee *(Trifolium)*
Klebsame *(Pittosporum)*
Knöterich *(Polygonum)*
Königskerze *(Verbascum)*
Kokardenblume *(Gaillardia)*
Korallenstrauch *(Berberidopsis)*
Kornblume *(Centaurea cyanus)*
Kranzspiere *(Stephanandra)*
Kronwicke *(Coronilla)*
Kugeldistel *(Echinops)*

Lampionblume *(Physalis)*
Lauch *(Allium)*
Laugenblume *(Cotula)*
Lavendel *(Lavandula)*
Lavendelheide *(Andromeda)*
Lebensbaum *(Thuja)*
Leberblümchen *(Anemone hepatica)*
Leimkraut *(Silene)*
Lein *(Linum)*
Leinkraut *(Linaria)*
Lichtnelke *(Lychnis)*
Liguster *(Ligustrum)*
Linde *(Tilia)*
Löwenmaul *(Antirrhinum)*
Lorbeerrose *(Kalmia)*
Lungenkraut *(Pulmonaria)*
Lupine *(Lupinus)*

Mädchenauge *(Coreopsis)*
Mäusedorn *(Ruscus)*
Maiglöckchen *(Convallaria)*
Malve *(Althaea)*
Mannsschild *(Androsace)*
Maßliebchen *(Bellis)*
Maulbeere *(Morus)*
Milchstern *(Ornithogalum)*
Minze *(Mentha)*
Mispel *(Mespilus)*
Mittagsgold *(Gazania)*
Mohn *(Papaver)*
Montbretie *(Crocosmia)*
Mormonentulpe *(Calochortus)*

Nelke *(Dianthus)*
Nelkenwurz *(Geum)*
Neuseeländer Flachs *(Phormium)*

Ochsenzunge *(Anchusa)*
Ölweide *(Eleagnus)*
Orangenblume *(Choisya)*
Oriental. Mohn *(Papaver orientale)*

Palmlilie *(Yucca)*
Pantoffelblume *(Calceolaria)*
Pappel *(Populus)*
Perlpfötchen *(Anaphalis)*
Perückenstrauch *(Rhus cotinus)*
Pfaffenhütchen *(Euonymus)*
Pfeifenwinde *(Aristolochia)*
Pfeilkraut *(Sagittaria)*
Pfingstrose *(Paeonia)*
Pimpernuß *(Staphylea)*
Prachtscharte *(Liatris)*
Präriemalve *(Sidalcea)*
Prunkwinde *(Ipomoea)*
Purpurglöckchen *(Heuchera)*

Rasselblume *(Catananche)*
Rechenblume *(Symplocos)*
Reiherschnabel *(Erodium)*
Ringelblume *(Calendula)*
Rittersporn *(Delphinium)*

Säckelblume *(Ceanothus)*
Salbei *(Salvia)*
Sanddorn *(Hippophaë)*
Sandkraut *(Arenaria)*
Schafgarbe *(Achillea)*
Schaumblüte *(Tiarella)*
Scheineller *(Clethra)*
Scheinmohn *(Meconopsis)*
Scheinzypresse *(Chamaecyparis)*
Schleierkraut *(Gypsophila)*
Schleifenblume *(Iberis)*
Schmucklilie *(Agapanthus)*
Schneeball *(Viburnum)*
Schneebeere *(Symphoricarpus)*
Schneeglöckchen *(Galanthus)*
Schneeglöckchenbaum *(Halesia)*
Schneele *(Calamintha)*
Schönmalve *(Abutilon)*
Schönranke *(Eccremocarpus)*
Schuppenheide *(Cassiope)*
Schwertlilie *(Iris)*
Seerose *(Nymhaea)*
Seidelbast *(Daphne)*
Seifenkraut *(Saponaria)*
Sicheltanne *(Cryptomeria)*
Silberkerze *(Cimicifuga)*
Silberwurz *(Dryas)*
Sommeraster *(Calistephus)*
Sommerflieder *(Buddleia)*
Sommerhyazinthe *(Galtonia)*
Sonnenauge *(Heliopsis)*
Sonnenblume *(Helianthus)*
Sonnenbraut *(Helenium)*
Sonnenhut *(Rudbeckia)*
Sonnenröschen *(Helianthemum)*
Spierstrauch *(Spiraea)*
Spornblume *(Centranthus)*
Stachelnüßchen *(Acaena)*
Staudengloxinie *(Incarvillea)*
Staudenwicke *(Lathyrus latifolius)*
Stechginster *(Ulex)*
Steinbrech *(Saxifraga)*
Steinkraut *(Alyssum)*
Steinlinde *(Phillyrea)*
Steinsame *(Lithospermum)*
Steintäschel *(Aëthionema)*
Steppenkerze *(Eremurus)*
Storaxbaum *(Styrax)*
Storchschnabel *(Geranium)*
Strohblume *(Helichrysum)*
Studentenblume *(Tagetes)*
Sumpfkalla *(Calla palustris)*
Sumpfzypresse *(Taxodium)*

Taglilie *(Hemerocallis)*
Tamariske *(Tamarix)*
Teichrose *(Nuphar)*
Teufelskralle *(Phyteuma)*
Thymian *(Thymus)*
Tigerblume *(Tigridia)*
Torfmyrte *(Pernettya)*
Tränendes Herz *(Dicentra)*
Traubenheide *(Leucothoë)*
Traubenhyazinthe *(Muscari)*
Trollblume *(Trollius)*
Trompetenbaum *(Catalpa)*
Trompetenzunge *(Salpiglossis)*
Tulpe *(Tulipa)*

Veilchen *(Viola)*
Vergißmeinnicht *(Myosotis)*

Waldlilie *(Trillium)*
Waldmeister *(Asperula odorata)*
Waldrebe *(Clematis)*
Wasserähre *(Aponogeton)*
Wasserfeder *(Hottonia)*
Weide *(Salix)*
Weidenröschen *(Epilobium)*
Weiderich *(Lythrum)*
Wein *(Vitis)*
Weißdorn *(Crataegus)*
Weißwurz *(Polygonatum)*
Wiesenraute *(Thalictrum)*
Wilder Wein *(Parthenocissus)*
Winde *(Convolvulus)*
Winterblüte *(Cimonanthus)*
Winterling *(Eranthis)*
Wolfsmilch *(Euphorbia)*
Wollknöterich *(Eriogonum)*
Wucherblume *(Chrysanthemum)*
Wundklee *(Anthyllis)*

Zaubernuß *(Hamamelis)*
Zephirblume *(Zephyranthes)*
Zierquitte *(Chaenomeles)*
Zistrose *(Cistus)*
Zwergmaßliebchen *(Bellium)*
Zwergvogelbeere *(Aronia)*
Zypresse *(Cupressus)*

Mehrjährige Pflanzen (Stauden und Gehölze) und ihre Vermehrungsmethoden.

Aussaat:
a = Aussaat geschützt
b = Aussaat ins Freiland

Stecklinge:
a = krautige Stecklinge
b = holzige Frühjahrsstecklingen
c = holzige Herbststecklinge
R = Rißling

Andere Methoden:
Wurzelschnittl. = Wurzelschnittling
Abs. = Absenker
Schößl. = Schößlinge bzw. Ausläufer

Pflanzentyp:
⊙ Einjährige Pflanze
⊙̈ Zweijährige Pflanze
♃ Staude
♄ Halbstrauch
ħ Strauch
ħ̶ Baum
⌓ Polsterpflanze
△ Steingartenpflanze
﹏ Ufer- und Sumpfpflanze
≋ Wasserpflanze
⌇ Kletterpflanze

Jahreszeiten:
F = Frühjahr
S = Sommer
H = Herbst
W = Winter

Lateinischer Name	Deutscher Name	Pflanzentyp	Aussaat a	Aussaat b	Stecklinge a	Stecklinge b	Stecklinge c	Wurzelschnittl.	Teilung	Abs.	Schößl.	Jahreszeit, Bemerkungen
Abelia		ħ				R						Juli, Kasten
							+					Nov., kalter Kasten
Abutilon	Schönmalve	ħ				+						Juni–Juli, Kasten
							+					Nov., kalter Kasten
Acacia	Akazie	ħ̶				+						nach d. Blüte
Acaena	Stachelnüßchen								+			S od. F, einf.
Acantholimon	Igelpolster	♃ △								+		sand. Boden
						R						S, in Töpfe
Acanthus		♃							+			F
								+				Okt.
Acer	Ahorn	ħ̶								+		Okt., nicht einf.
Achillea	Schafgarbe	♃							+			F od. H
						+						F
Aconitum	Eisenhut	♃							+			F od. H
Acorus	Kalmus	♃ ﹏							+			F
Aethionema	Steintäschel	♃ ♄				+						S
Agapanthus	Schmucklilie	♃							+		+	F
Ailanthus	Götterbaum	ħ̶						+			+	F
Akebia		ħ				+						S, kalter Kasten

Allyssum	Steinkraut	♃ ♄ ⌓			+							F
Alstroemeria	Inkalilie	♃							+			F od. H
Amaryllis belladonna	Belladonnalilie	♃										seitl. Schößlinge
Amelanchier	Felsenbirne	♄								+		H, auch Schößlinge
Anagallis	Gauchheil	♃ ☉			+				+			in Töpfe
Anaphalis	Perlpfötchen	♃			+							Mai–Juni
									+			Mai
Anchusa	Ochsenzunge	♃							+			H od. F
								+				F; 10 cm lang,
												Freiland od. kalter K.
Andromeda	Lavendelheide	♄								+		Aug.–Sept.
									+			H
Androsace	Mannsschild	♃ △							+			F
											+	Aug., in Töpfe
Anemone		♃						+	+			F; Knollen im Juli
												herausnehmen
Antennaria	Katzenpfötchen	♃ △							+			F od. Spät-S
Anthemis	Hundskamille	♃			+				+			F; Teilg. auch H
Anthericum	Graslilie	♃							+			F
Antholyza		♃							+			Aug.
Anthyllis	Wundklee	♃				R						S
Aponogeton	Wasserähre	♃ ≋							+			F
Aquilegia	Akelei	♃		+					+			F
Arabis	Gänsekresse	♃ ⌓				+						S
									+			H od. Spät-S
Arbutus	Erdbeerbaum	♄								+		H
Arctostaphylos	Bärentraube	♄				+						H, Kopfsteckl. in Kast.
Arenaria	Sandkraut	♃ △				+						S
									+			H
Aristolochia	Pfeifenwinde	♄ ⌇				R						S, Kasten
Armeria	Grasnelke	♃							+			H od. F
						+						S
Aronia	Zwergvogelbeere	♄					+					Spät-H
Artemisia	Beifuß	♃							+			H, nach d. Blüte
Aruncus	Geißbart	♃							+			F
Arundinaria		♃ ♄ ♄							+			Apr.–Mai

Lateinischer Name	Deutscher Name	Pflanzen-typ	Aussaat a	Aussaat b	Stecklinge a	Stecklinge b	Stecklinge c	Wurzel-schnittl.	Teilung	Abs.	Schößl.	Jahreszeit, Bemerkungen
Asperula	Waldmeister	♃				+						F
									+			nach d. Blüte
Aster		♃			+				+			F; Teilg. auch H
Astilbe		♃							+			F, alle fünf Jahre,
												während der Ruhezt.
Aubrieta	Blaukissen	♃ △ ⌓							+			H
					+							S, sandige Erde
			+									Mai
Aucuba		♄					+					H, einf.
										+		einf.
Azalea		♄								+		wie bei Rhododendr.
Azara		♄								+		F od. S
							+					H
Begonia		♃										während d. Ruhe-
												zeit; jedes Teilstück
												mit einer Knospe
Bellium	Zwergmaßliebchen	♃ △							+			H, nach d. Blüte
Berberidopsis	Korallenstrauch	♄								+		H
					+							F
Berberis	Berberitze	♄							+		+	F; im H auch Rißlinge
Bergenia		♃							+			H
Bignonia		♄ ≀								+		F
Bocconia		♄							+			F
Brodiaea		♃							+			H
Buddleia	Sommerflieder	♄					+					Okt.–Nov., 20 cm lg.
					+							Juli, 7 cm lang
						+						Spät-S
Butomus	Blumenbinse	♃ ≈							+			F
Buxus	Buxbaum	♄					R					Sept., in kalten K.
									+			H od. Spät-F
Calamintha	Schneele	♃ △							+			H od. zeitiges F
						+						S
Calla palustris	Sumpfkalla	♃ ≈							+			F

Caltha	Dotterblume	♃ ≈							+			F
Calycanthus	Gewürzstrauch	♄								+		F od. H
Camellia	Kamelie	♄								+		Sept.; od. Blattsteck- linge in Töpfe mit sandiger Erde
Campanula	Glockenblume	♃ △							+			F od. H
					+							F, vor d. Blüte
Caryopteris	Bartblume	♄			+							S
							+					Nov., kalt. Kasten
Catananche	Rasselblume	♃	+						+			F
Cassinia		♄				+						H; 10 cm lang, in kalten Kasten
Cassiope	Schuppenheide	♄				R						Aug., schattig; Erde mit Torfzusatz
Catalpa	Trompetenbaum	♄ ♄				+						S
							+			+		H; Rißl. 4 cm lang, waagrecht in Töpfe
Ceanothus	Säckelblume	♄				+						S
							+					Okt.
										+		(einige Sorten)
Celastrus	Baumwürger	♄ ⌇				+						Spät-S
Centaurea	Kornblume	♃	+						+			F; Teilung auch H
Centranthus	Spornblume								+			
Cerastium	Hornkraut	♃ △								+		S; Teilg. H
Ceratostigma	Bunge	♄				+						Spät-F; sand. Erde; kalter Kasten
Chaenomeles	Zierquitte	♄								+		Sept.
							R					Okt., kalter Kasten
Chamaecyparis	Scheinzypresse	♄ ♄				R						Okt., kalter Kasten
					+							S, geschl. halten
Chimonanthus	Winterblüte	♄								+		H
Chionodoxa		♃	+									in Kästen, benötigen 2 Jahre zur Entw.
Choisya				R								Okt.; 10 cm lang, kalter Kasten
Chrysanthemum	Wucherblume	♃							+			F od. H; einf.

Lateinischer Name	Deutscher Name	Pflanzentyp	Aussaat		Stecklinge			Wurzelschnittl.	Teilung	Abs.	Schößl.	Jahreszeit, Bemerkungen
			a	b	a	b	c					
Cimicifuga	Silberkerze	♃							+			F
Cistus	Zistrose	♄				R						S; Steckl. auch Okt. (siehe Text)
Clematis		♄										
Clerodendrum		♄ ⥉						+				W; dicke Teilstücke, 5 cm lang, im Apr. auspflanzen
Clethra	Scheineller	♄ ♄								+		H
									+			S
Colchicum	Herbstzeitlose	♃							+			Juni
Colutea	Blasenstrauch	♄				+						S
Convallaria	Maiglöckchen	♃							+			September
Convolvulus	Winde	♄ ⥉							+			April
						+						S
Coreopsis	Mädchenauge	♃							+		+	F od. H
					+							Früh-S
Cornus	Hartriegel	♄ ♄								+		Juli
Corokia		♄								+		H
Coronilla	Kronwicke	♃ △				+				+		S
Cortusa	Glöckel	♃							+			März
Corylus	Haselnuß	♄								+		H
											+	falls verfügbar
Cotoneaster	Zwergmispel	♄					+					Nov.; S auch Abs.
						+						S, manche Sorten im Kasten
Cotula	Laugenblume	♃ △							+			H
Crataegus	Weißdorn	♄ ♄										Veredelung durch Augen auf den wilden Weißdorn
Crinum		♃							+			März
Crocosmia	Montbretie	♃							+			H, in kalten Gegenden im F verpflanzen
Crocus	Krokus	♃							+			S, nachdem Laub verwelkt ist

Cryptomeria	Sicheltanne	♄			R							H
Cupressus	Zypresse	♄ ♄			+							F u. S
						+						H
Cyananthus	Blaublume	♃ △							+			F od. H
Cytisus	Geißklee	♄				R						August;
												Seitenschößlinge
Daboecia	Irische Heide	♄					+					Oktober, viel Licht!
Daphne	Seidelbast	♄				+						S
										+		H
Delphinium	Rittersporn	♃			+							F
									+			S; nach d. Blüte,
												aber schwierig
Desfontainea		♄					+					Okt., kalter Kasten
Deutzia		♄									+	F, falls verfügbar
							+					November
Dianthus	Nelke	♃ △								+		S
						+						F; Kopfstecklinge
Dicentra	Tränendes Herz	♃						+	+			F
Dictamnus	Diptam	♃	+									F
Diervillea		♄				+						Juli
							+					Nov.; 10 cm lang,
												Freiland
Dodecatheon	Götterblume	♃ △							+			April od. August
Doronicum	Gemswurz	♃							+			H od. W
Draba	Hungerblümchen	♃ △									+	F
Dryas	Silberwurz	♃ △									+	falls verfügbar
Eccremocarpus	Schönranke	♄	+									H; Freilandaussaat
												in Kistchen, die d.
												Kälte ausgesetzt
												werden. Ab Febr.
												f. d. Keimg. Wärme
Echinops	Kugeldistel	♃							+			F od. H
								+				F, kalt. Kasten
Eleagnus	Ölweide	♄								+		
							+					H; 6 cm lang, in
												kalten Kasten
Enkianthus		♄								+		F

Lateinischer Name	Deutscher Name	Pflanzen-typ	Aussaat a	Aussaat b	Stecklinge a	Stecklinge b	Stecklinge c	Wurzel-schnittl.	Teilung	Abs.	Schößl.	Jahreszeit, Bemerkungen
Epilobium	Weidenröschen	♃ △							+		+	F
Epimedium	Elfenblume	♃							+			H
Eranthis	Winterling	♃							+			Okt.–Nov.
Eremurus	Steppenkerze	♃		+								H; nicht einfach!
Erica	Heidekraut	♄				+			+	+		F; Methode je nach Art versch.
Erigeron	Berufkraut	♃							+			H bis F
Erinacea	Igelginster	♄ △				+						H; nach d. Blüte in Töpfe
Erinus	Alpenbalsam	♃ △							+			Spät-S, leicht
Eriogonum	Wollknöterich	♃ △							+			F
						R						S
Erythronium	Hundszahn	♃							+			Aug.
Escallonia		♄					+					Okt.; in kalten Gegenden in Kasten
Euonymus	Pfaffenhütchen	♄								+		S, jüngeres Holz
						+						S, geschlossen halten
									+			F, nur einige Sorten
Euphorbia	Wolfsmilch	♃										viele Arten; versch. Methoden
Exochorda		♄								+		H
											+	falls verfügbar
Fatsia		♄				+						F od. S
Forsythia		♄					+					Okt.
						+						S, zunächst geschl. halten
Fothergilla	Federbuschstrauch	♄								+		H; langsam
											+	falls verfügbar
Fritillaria imperialis	Kaiserkrone	♃							+			Aug.
Fuchsia	Fuchsie	♄			+							jede Jahreszeit; einfach
Gaillardia	Kokardenblume	♃							+		+	F

Galanthus	Schneeglöckchen	♃							+			H
Galega		♃							+			F od. H
Galtonia	Sommerhyazinthe	♃							+			H
Garrya		♄ ⌇				+				+		H
						+						H; Kasten
Gaultheria		♄							+			F od. H; je nach Sorte versch.
										+		S
Genista	Ginster	♄ △				+						Sept.; 5–7 cm, in sandige Erde, kalter Kasten
Gentiana	Enzian	♃							+			nach d. Blüte, nicht einfach
				+								gleich nach d. Reife; Frostkeimer
Geranium	Storchschnabel	♃							+			F od. H
											+	S od. H
Geum	Nelkenwurz	♃							+			F
			+									S, in Kasten (von Sorte abhängig)
Gladiolus	Gladiole	♃							+			
Griselinia		♄								+		S
							+					Okt.; in Kast., einf.
Gunnera		♃ ≈							+			F
Gypsophila	Schleierkraut	♃ △			+							vor der Blüte
									+			F od. H, nicht einf.
								+				7 cm lg., ½ cm dick; sandige Erde, nicht einf.
Halesia	Schneeglöckchenbaum	♄								+		H
								+				S, in Kasten
Hamamelis	Zaubernuß	♄								+		F
						+						F od. S, einf.
							+					H
Hedera	Efeu	♄ ⌇				+						F od. S, einf.
							+					H, einf.
Helenium	Sonnenbraut	♃ △				+			+		+	T. Spät-H od. W

Lateinischer Name	Deutscher Name	Pflanzentyp	Aussaat a	Aussaat b	Stecklinge a	Stecklinge b	Stecklinge c	Wurzelschnittl.	Teilung	Abs.	Schößl.	Jahreszeit, Bemerkungen
Helianthemum	Sonnenröschen	♃ △				+						nach Mai, einf., kalter Kasten
Helianthus	Sonnenblume	♃							+			H od. W
Heliopsis	Sonnenauge	♃							+			S
Helleborus niger	Christrose	♃							+			S od. H
Hemerocallis	Taglilie	♃							+			F od. H
Heuchera	Purpurglöckchen	♃							+			F
Hibiscus	Eibisch	♄				+						S
Hippophae	Sanddorn	♄ ♄								+		S
											+	falls vorhanden
Hosta	Funkie	♃							+			F, mit Spaten teilen
Hottonia	Wasserfeder	♃ ≋							+			F
Hutchinsia	Gemskresse	♃ △							+			F
Hydrangea	Hortensie	♄			+							F
						+						F u. S. (siehe Text)
Hypericum	Johanniskraut	♃ ♄ ♄							+			nach d. Blüte, einf.
Iberis	Schleifenblume	♃ △	+									F
Ilex	Stechpalme	♄								+		H, langs. wachsend
						+						S
Incarvillea	Staudengloxinie	♃							+			nach d. Blüte
Iris	Schwertlilie	♃							+			F od. H
Jasminum	Echter Jasmin	♄					+					Nov.
						+						S, frische Triebe; geschl. halten
Juncus	Binse	♃ ∽							+			F
Juniperus	Wachholder	♄ △					+					Aug. bis Okt. in Kasten
Kalmia	Lorbeerrose	♄								+		H
Kerria	Kerrie	♄							+			H
Kniphofia	Fackellilie	♃							+			F
Koelreuteria	Blasenbaum	♄								+		H; F auch Stecklinge in sand. Erde
Kolkwitzia		♄				+						H, in Kasten

Laburnum	Goldregen	♄										Okt.–Nov.
							R					H; 22–25 cm lang
Lathyrus latifolius	Staudenwicke	♃ ⌇							+			F
Laurus	Lorbeer	♄								+		F u. S
							R					früher W., im Kasten
Lavandula	Lavendel	♄ △			+	+						das ganze Jahr
Leptospermum						+						S, 5–8 cm lang,
												in Kasten
Leucojum	Frühlingsknotenblume	♃							+			Sept.
Leucothoë	Traubenheide	♄							+	+		H
Lewisia		♃							+			F
Leycestria		♄					+					H, nicht einf.
									+			F
Liatris	Prachtscharte	♃							+		+	F
Ligustrum	Liguster	♄				R						F od. S, 8 cm lg.,
												geschl. halten
							+					H od. W, 25 cm lg.
												Frld. (siehe Text)
Linaria	Leinkraut	♃ △		+					+			März
Linum	Lein	♃							+			F
Liquidambar	Amberbaum	♄								+		H, langsam
Lithospermum	Steinsame	♃				+						S, Torf-Sandgemisch
Lonicera	Heckenkirsche	♄ ⌇			+							Juni
							+					H, 15 cm lg., kalter
												Kasten; L. nitida
												ins Frld.
Lupinus	Lupine	♃							+			vorsichtig!
					+							April, in Töpfe
				+								früher S; nicht
												sortenecht
Lychnis	Lichtnelke	♃							+			F od. H; auch
												Aussaat möglich
Lysimachia	Felberich	♃ ~							+			F, einf.
Lythrum	Weiderich	♃ ~							+			F
Magnolia		♄									+	H, langsam

Lateinischer Name	Deutscher Name	Pflanzen-typ	Aussaat a	Aussaat b	Stecklinge a	Stecklinge b	Stecklinge c	Wurzel-schnittl.	Teilung	Abs.	Schößl.	Jahreszeit, Bemerkungen
Mahonia		♄					+					H, in Töpfe
						+						Juni, 15 cm lg., geschl. halten
Mazus		♃ △								+		F od. H
Meconopsis	Scheinmohn	♃		+								H
			+									F, mögl. warm
Mentha	Minze	♃							+			F
Mertensia		♃							+			H
Mespilus	Mispel	♄								+		F od. H
Mimulus	Gauklerblume	♃							+			F, einf.
						+						S, feucht halten
Miscanthus	Chinaschilf	♃							+			zeitiges F
Monarda		♃ △				+			+			F
Morisia		♃ △						+				Juli/Aug., 3 cm in feuchten Sand
Morus	Maulbeere	♄					R					H
Muscari	Traubenhyazinthe	♃							+			H
Myosotis	Vergißmeinnicht	♃	+						+			F
Myrtus	Myrte	♄				+						Früh-S, kalter K.
Narcissus	Narzisse	♃							+			s. Text
Nepeta	Katzenminze	♃							+			F
					+							S od. H, 6 cm lge. Triebspitzen
Nierembergia		♃ △							+			Aug. (N. repens u. N. rivularis)
									+			F (N. caerulea u. N. frutensis)
Nuphar	Teichrose	♃ ≋							+			F; Töpfe in flaches Wasser tauchen
Nymphaea	Seerose	♃ ≋							+			Mai, jeder »Teil« muß ein Auge haben. Töpfe ins Wasser tauchen

Oenothera	Nachtkerze	♃ △							+			F
						R						Juni–Aug., einf.
Olearia		ħ ♃					R					Okt., in Kasten
						+						S
Omphalodes	Gedenkemein	♃ △							+			F od. H
Onosma	Goldtropfen	♃ △				+						Juli, nach d. Blüte
Ornithogalum	Milchstern	♃							+			H
Osmanthus	Duftblüte	ħ								+		H
							R					Okt., in sand. Torf
Paeonia	Pfingstrose	♃							+			F, H
						+						S
Papaver orientale	Oriental. Mohn	♃						+				Sept., 10 cm lang,
												in Sand. Im W
												abdecken
Parthenocissus	Jungfernrebe	ħ ⌇				+						Juli; auch im H
												Steckl. in Kasten
Passiflora	Passionsblume	ħ ♃ ⌇				+						S, in Kasten
Penstemon	Bartfaden	♃ ħ	+									Juni
						+						H
Pernettya	Torfmyrte	ħ								+		H, frische Triebe
									+			F
						+						S
Perowskia		♃				+						S; geschl. halten,
												sand. Boden
Philadelphus	Falscher Jasmin	ħ			+							Juni/Juli
						+						S; auch Schößlinge
Phillyrea	Steinlinde	ħ				+						einf., leicht sandig
Phlomis	Brandkraut	ħ				+						S, einf.
							+					Okt., 8 cm lang,
												in Kasten
Phlox	Flammenblume	♃							+		+	F od. H
Phormium	Neuseeländer Flachs	ħ							+			F
Photinia	Glanzmispel	ħ				+						S
Phygelius		ħ			+							F – Früh-S
Physalis	Lampionblume	♃							+			F; verm. sich rasch
Physostegia	Gelenkblume	♃							+			H
											+	F

Lateinischer Name	Deutscher Name	Pflanzen-typ	Aussaat a	Aussaat b	Stecklinge a	Stecklinge b	Stecklinge c	Wurzel-schnittl.	Teilung	Abs.	Schößl.	Jahreszeit, Bemerkungen
Phyteuma	Teufelskralle	♃							+			H
Pittosporum	Klebsame	ħ				R						Juli
Platanus	Platane	♄					R		+			H; Steckl. 25 cm lg., langsam
Platycodon	Ballonblume	♃							+			F
Polemonium	Sperrkraut	♃							+			F od. H
Polygonatum	Weißwurz	♃							+			F od. H
Polygonum	Knöterich	♃							+			F
Pontederia	Hechtkraut	♃ ≋							+			F
Populus	Pappel	♄					+					H, 20 cm lg., in leicht. Boden, einf.
						R						S
Potentilla	Fingerkraut	ħ							+			F od. H
						R						Juli; kleine Steckl., geschl. halten
							+					Okt.
Primula	Primel	♃							+			S
Pulmonaria	Lungenkraut	♃							+			F od. H
Puschkinia		♃							+			Okt.
Pyracantha	Feuerdorn	ħ				R	+					Aug.; kleine Steckl., kalt. Kast.
Pyrethrum	Margarite	♃							+		+	F; Teilg. nach Blüte
Ramonda											+	März; F: Stecklinge
Ranunculus	Hahnenfuß	♃ ~							+			F
Raoulia		♃ △							+			Spät-S od. H
Raphiolepis		ħ				R						Sept., geschl. halten
Rhododendron		ħ								+		(s. Text)
							+					(einige Sorten)
Rhus cotinus	Perückenstrauch	ħ							+			H
Rhus typhina	Hirschkolbensumach	ħ						+				W, 3 cm lg. in Töpfe
Ribes	Johannisbeere	ħ					+					H, 15 cm lg.
Robinia	Robinie	♄									+	
								+				F, 8 cm lg. auf offenen Boden

Rodgersia		♃										
Romneya		♃ ♄						+				W, 3 cm lg. in
												sand. Kompost
Romulea		♃							+			H
Rosa	Rose	♄										(s. Text)
Rosmarinus	Rosmarin	♃ ♄				+				+		F
Rubus	Brombeere	♄							+			falls groß genug
										+		F, S; einf.
Rudbeckia	Sonnenhut	☉ ♃							+			F od. H
Ruscus	Mäusedorn	♄							+			F
Sagittaria	Pfeilkraut	♃							+			F; bildet Ausläufer
Salix	Weide	♄ ♄				+	+			+		F od. S alle einf.
Salvia	Salbei	☉♃							+		+	F
Sambucus	Holunder	♄					R					Spät-S
						+						Juli, geschl. halten
Santolina	Heiligenkraut	♄			+							Juli, geschl. halten
Saponaria	Seifenkraut	♃ △							+			H
					+							S
Saxifraga	Steinbrech	♃ △							+			März (viele Arten!)
					+							S
Scabiosa		♃							+			F
Scilla	Blaustern	♃							+			H
Scutellaria	Helmkraut	♃ △			+							S
Sedum	Fetthenne	♃ △							+			F od. H, sehr einf.
Sempervivum	Hauswurz	♃ △									+	Mai, Sept., in Töpfe;
												im F auspflanzen
Senecio	Kreuzkraut	♄				+						Aug.
							+					H, kalt. Kasten
Sidalcea	Präriemalve	♃							+			F od. H
Silene	Leimkraut	♃ △							+			Juli–Aug.
						+						S
Sisyrinchium	Binsenlilie	♃ △							+			F od. H
Skimmia		♄					+		+			H; Steckl. in kalten
												Kasten; langsam
Soldanella	Alpenglöckchen	♃ △							+			Juni
Solidago	Goldrute	♃							+			H bis F, einf.
Sparaxis		♃							+			H

Lateinischer Name	Deutscher Name	Pflanzentyp	Aussaat a	Aussaat b	Stecklinge a	Stecklinge b	Stecklinge c	Wurzelschnittl.	Teilung	Abs.	Schößl.	Jahreszeit, Bemerkungen
Spiraea	Spierstrauch	ħ							+			F; (krautige Arten)
											+	F; H
Staphylea	Pimpernuß	ħ				+						S; H auch Absenker
Stephanandra	Kranzspiere	ħ									+	F
Sternbergia		♃							+			H
Stransvasia		ħ				+						S; sand. Boden
Styrax	Storaxbaum	ħ								+		H
Symphoricarpus	Schneebeere	ħ							+		+	H
							+					Okt., Freiland
Symplocos	Rechenblume	ħ					+					H
Syringa	Flieder	ħ								+		F
						+						Juli; nicht bei veredelten Arten
Tamarix	Tamriske	ħ ħ̄					+					H
Taxodium	Sumpfzypresse	ħ̄				+						S; langsam; feucht halten
Taxus	Eibe	ħ ħ̄				+						F; Endtriebe; geschl. halt.
Tecomaria		ħ									+	F
Teucrium	Gamander	ħ			+							Juni
Thalictrum	Wiesenraute	♃							+			F
											+	März
Thuja	Lebensbaum	ħ ħ̄				R						Sept., kalter K.; auch Schößlinge
Thymus	Thymian	♃ △							+			F od. H
					+							S
Tiarella	Schaumblüte	♃							+			F
Tigridia	Tigerblume	♃							+			Okt.; im F verpflanzen
Tilia	Linde	ħ̄								+		S
Tradescantia		♃							+			F od. H
					+							S
Tricuspidaria		ħ				+						S; sandige Erde, kalter Kasten

Trifolium	Klee	♃ △							+			F od. H
Trillium	Waldlilie	♃	+									sofort nach Samenreife
Trollius	Trollblume	♃							+			H
Tulipa	Tulpe	♃							+			S
Tunica		♃ △				+						Juli–Aug.
Ulex	Stechginster	♄				+						Juli; sonnige Lage; oft besprühen
Vaccinium	Heidelbeere	♄								+		H
Verbascum	Königskerze	♃							+			März
								+				F
Verbena	Eisenkraut	⊙ ♃ ♄				+						H
Veronica	Ehrenpreis	♃							+			F od. H
					+	R						S; Rißlinge 7 cm lg. kalter Kasten
Viburnum	Schneeball	♄				+						Juli, Aug., geschl. halten. (Viele Arten, manche durch Rißl. im H od. Absenker im F verm.)
Vinca	Immergrün	♄							+			zeitiges F
					+							S; Triebspitzen
							+					H, kalter Kasten
Vitis	Wein	♄								+		F od. Früh-S
							+					Okt.
Wahlenbergia									+			März
Weigelia		♄			+						+	F; Steckl. in sandige Erde
Wisteria	Glyzine	♄ ⌇								+		S; junge Schößlinge
Yucca	Palmlilie	immergrün						+				H, 5 cm lg. in in Kistchen, im Winter warm
Zauschneria		♃ △							+			F od. H
						+						S od. H
Zenobia		♄									+	H
Zephyranthes	Zephirblume	♃							+			H

Aussaat einjähriger (Sommerblumen) und zweijähriger Pflanzen.

Die mit Ⓦ bezeichneten Pflanzen müssen warm vorkultiviert werden, die übrigen kann man an Ort und Stelle aussäen. Trotzdem sät sie der Gärtner oft lieber im »kalten« Kasten oder sogar im Warmhaus aus. Die längere Vorkultur gewährleistet nämlich eine entsprechend längere Blütenperiode. Hat man die Blumen einmal unter Glas zur Blüte gebracht, so kann man sie auch rechtzeitig an die gewünschte Stelle pflanzen. Anders ist es mit Blumen, die eine längere Vegetationszeit haben. Sie müssen unbedingt im Januar bis März im Warmhaus ausgesät werden, da sie sonst im gleichen Jahr nicht mehr blühen würden.
⊙ = einjährig (··) = zweijährig

Adonis annua	Adonisröschen	⊙ März – Juni
Ageratum houstonianum	Leberbalsam	⊙ Ⓦ Februar – April
Althaea rosea	Malve	(··) Juli – September
Amaranthus caudatus	Gartenfuchsschwanz	⊙ März – Juni
Antirrhinum	Löwenmaul	⊙ Ⓦ März – April
Arctotis grandis	Bärenohr	⊙ Ⓦ Februar – März
Begonia semperflorens	Begonie	⊙ Ⓦ Januar – Februar
Bellis perennis	Maßliebchen	(··) Juli – September
Calceolaria mexicana	Pantoffelblume	⊙ Ⓦ Juni
Calendula offcinalis	Ringelblume	⊙ April – Oktober
Callistephus chinensis	Sommeraster	⊙ Ⓦ März – April
Campanula medium	Glockenblume	(··) Juli – September
Celosia cristata	Hahnenkamm	⊙ Ⓦ Januar – März
Celosia cretica		⊙ Ⓦ Juni
Centaurea cyanus	Kornblume	⊙ März – Okrober
Centaurea moschata	Duft-Flockenblume	⊙ Ⓦ März – April
Cheiranthus	Goldlack	(··) Januar – April
Chrysanthemum coronarium		⊙ März – April
Chrysanthemum segetum		⊙ März – April
Clarkia elegans	Sommerfuchsie	⊙ März – April
Convolvulus tricolor	Winde	⊙ Mai
Coreopsis drummondii	Mädchenauge	⊙ März – April
Cosmos bipinnatus	Schmuckkörbchen	⊙ März – April
Delphinium ajacis	Rittersporn	⊙ März – Oktober
Dianthus barbatus	Bartnelke	(··) März – April
Digitalis	Fingerhut	(··) Januar – April
Dimorphotheca	Kapkörbchen	⊙ März – Juni
Eschscholtzia californica	Kalifornischer Mohn	⊙ März – Oktober
Felicia bergeriana		⊙ September – Oktober
Gazania splendens	Mittagsgold	⊙ Ⓦ Januar – März
Gaillardia	Kokardenblume	⊙ März – April
Godetia amoena	Atlasblume	⊙ März – April
Godetia grandiflora	Großblumige Godetie	⊙ März – April
Gypsophila elegans	Schleierkraut	⊙ März – Juni
Helianthus annuus	Sonnenblume	⊙ März – Juni

Helichrysum	Strohblume	⊙ Ⓦ März – April
Iberis amara	Schleifenblume	⊙ März – Juni
Impatiens balsamina	Gartenbalsamine	⊙ Ⓦ April
Ipomea purpurea	Prunkwinde	⊙ Ⓦ März – Juni
Kochia scoparia	Besenkraut	⊙ Ⓦ März – April
Lathyrus odoratus	Edelwicke	⊙ Ⓦ März – Juni
Linaria reticulata	Flachs	⊙ April – September
Linum grandiflora	Blutroter Lein	⊙ April – Juni
Lobelia erinus	Lobelie	⊙ Ⓦ März – April
Lupinus nanus	Kleine Lupine	⊙ März
Matricaria maritima	Strandkamille	⊙ April
Matthiola incana	Levkoje	(··) Ⓦ März – April
Mesembryanthemum	Mittagsblume	⊙ Ⓦ März – Juni
Myosotis	Vergißmeinnicht	⊙ April
		(··) Juni – Juli
Nemesia strumosa	Nemesie	⊙ Ⓦ März – April
Papaver nudicaule	Islandmohn	(··) März – Juni
Petunia-Hybriden	Petunie	⊙ Ⓦ Januar – März
Phlox drummondii	Einjahrsphlox	⊙ Ⓦ März – April
Portulaca	Portulakröschen	⊙ Ⓦ März – Juni
Rudbeckia bicolor	Zweifarbiger Sonnenhut	⊙ Ⓦ März – April
Salpiglossis sinuata	Trompetenzunge	⊙ Ⓦ März – April
Salvia splendens	Prachtsalbei	⊙ Ⓦ Januar – März
Tagetes erecta	Studentenblume	⊙ März – April
Tagetes patula		⊙ März – April
Tagetes tenuifolia		⊙ März – April
Tropaeolum majus	Kapuzinerkresse	⊙ Mai
Verbascum olympicum	Königskerze	(··) März – Juni
Verbena-Hybriden	Eisenkraut	⊙ März – April
Zea mays	Ziermais	⊙ März – Juni
Zinnia elegans	Zinnie	⊙ März – April